Horst Schreiber
Irmgard Bibermann

VON INNSBRUCK
NACH ISRAEL

DER LEBENSWEG
VON ERICH WEINREB /
ABRAHAM GAFNI

Mit einem historischen Essay über
jüdisches Leben in Tirol

StudienVerlag

Innsbruck
Wien
Bozen

Gefördert von

Nationalfonds der Republik Österreich
für Opfer des Nationalsozialismus

*Zukunfts*Fonds
der Republik Österreich

Das diesem Band zugrundeliegende Projekt sowie die Drucklegung wurden freundlicherweise unterstützt durch die Kulturabteilung des Landes Tirol, die Kulturabteilung der Stadt Innsbruck, den Nationalfonds der Republik Österreich für Opfer des Nationalsozialismus, den Zukunftsfonds der Republik Österreich, die Israelitische Kultusgemeinde Tirol-Vorarlberg sowie erinnern.at.

© 2014 by Studienverlag Ges.m.b.H., Erlerstraße 10, A-6020 Innsbruck
E-Mail: order@studienverlag.at, Internet: www. studienverlag.at

Umschlag, Layout, Satz: Willi Winkler, www.neusehland.at
Umschlagfotos: Privatarchiv Niko Hofinger, Privatarchiv Abraham Gafni
Registererstellung durch die AutorInnen

Gedruckt auf umweltfreundlichem, chlor- und säurefrei gebleichtem Papier.

Bibliografische Information Der Deutschen Bibliothek
Die Deutsche Bibliothek verzeichnet diese Publikation in der Deutschen Nationalbibliografie; detaillierte bibliografische Daten sind im Internet über <http://dnb.ddb.de> abrufbar.

ISBN 978-3-7065-5310-0

INHALT

VORWORT

Im Alter von 10 Jahren wurde er 1938 aus Innsbruck vertrieben, mit über 80 Jahren zieht er Bilanz und gibt Auskunft darüber, wie er den Verlust der Heimat, die Trennung von geliebten Menschen und den Neuanfang in Palästina und im späteren Staat Israel erlebt hat. Seine Haltung weiß Abraham Gafni pointiert auf den Punkt zu bringen: „Ich komme gern nach Innsbruck und hätte nichts dagegen, jedes Jahr drei, vier Monate in Innsbruck zu sein, aber nach Innsbruck ziehen, nie im Leben. Für mich gilt, was die Nazis früher zum Spott gesagt haben: ‚Jud' nach Palästina.'" Abraham Gafni ist ein selbstbewusster Israeli, der für sein Land gekämpft hat. Die verlorene Heimat in Innsbruck ist seine wesentliche Kindheitserinnerung. Wer sich die glücklichen Momente der Kindheit ins Gedächtnis ruft, kann der alten Heimat, auch nach der Vertreibung, emotional nahe bleiben. Dies ist vielen Überlebenden der nationalsozialistischen Verfolgung wichtig. Denn die Kindheit, so Jean Améry, bleibt immer eine Heimat der gewaltsam Exilierten, sie ist nicht austauschbar. Der Vertriebene trägt sie mit sich überall hin, wo immer er auch lebt.

Zwischen Frühjahr 2010 und Sommer 2013 führten wir mit Abraham Gafni zahlreiche Gespräche und Interviews in Israel und Tirol, filmten und fotografierten, sichteten Dokumente und historisches Bildmaterial, das er sorgsam in seinen Fotoalben aufbewahrt hält. Er führte uns an die Stätten seiner Kindheit und Jugend in beiden Heimaten. Wir hörten Geschichten aus einer fernen Zeit und gewaltsam untergegangenen Welt, die er mit seinen eindringlichen Schilderungen wieder lebendig werden ließ. Die Menschen, die sie bevölkerten, brachte er uns mit viel Humor und zahlreichen Anekdoten näher: die Mutter, die elegante Hüte trug und früh an Tuberkulose verstarb, den Großvater, der um die Existenz der Großfamilie rang und allen half, wo er nur konnte, die Großmutter, die mit unerschütterlichem Glauben, Herzensgüte und selbstloser Liebe erzog, den jüngeren Bruder, den er auf der Flucht behütete und der ihn zeit seines Lebens verehrte, die Schwester, das Nesthäkchen, das zurückgelassen werden musste und ihren Brüdern noch einen letzten Gruß vor ihrer Deportation schickte, den Onkel Fritz, der ihn mit seinem Schabernack bei Laune hielt, den Cousin Aldo, der als Hüne und bewunderter Sportsmann sein Vorbild war, oder den klein gewachsenen Großcousin David, vor dem die Hitlerjungen verängstigt davonliefen. Bei jedem Zusammentreffen verblüffte uns Abraham Gafni mit seinem Erinnerungsschatz an Reimen und Gedichten aus der Volksschulzeit, mit seinem kabarettistischen Talent sorgte er für befreiendes Lachen.

Abraham Gafni erzählt seine Lebensgeschichte aus der Perspektive der Gegenwart. In seinen Erinnerungen verbindet sich Erlebtes mit späteren Erkenntnissen und Lebensumständen. Im Rückblick ordnet und deutet er seine Geschichte und verleiht ihr Sinn. Seine heutige Perspektive auf die Verfolgung und ihre Konsequenzen erschließt den Leserinnen und Lesern seine Verarbeitung von Erfahrungen und seinen aktuellen Umgang mit dieser belastenden Vergangenheit. Die Erzählungen von Abraham Gafni legen die Auswirkungen der nationalsozialistischen Verbrechen auf ihn offen, wenn auch nicht immer direkt, denn Teile seiner Lebensgeschichte basieren auf traumatischen Erfahrungen, die nicht oder nur schwer erzählbar sind, die einer Rationalisierung oder Verdrängung bedürfen, um sie aushalten zu können. Wir begegnen derartigen Bewältigungsstrategien, wenn Abraham Gafni betont, dass er nur schöne Erinnerungen habe, es ihm immer gut gegangen sei und seine Entbehrungen kaum Gewicht hätten im Vergleich zu jenen Jüdinnen und Juden, die Konzentrations- und Vernichtungslager oder die Todesmärsche überlebt haben.

Die Erzählungen von Abraham Gafni sind ein Selbstzeugnis, das in Interviews mit offenen Fragestellungen gewonnen wurde. Dennoch handelt es sich um eine Quelle, die auch von uns mitproduziert wurde. Zum einen war es unsere Initiative als Forschende, die den Ausschlag zum Entstehen des Buches gegeben hat. Trotz aller Gestaltungsfreiheit für unseren Interviewpartner, seine Lebensgeschichte selbst zu konstruieren, haben unsere offenen Fragen, unsere Interviewtechnik und unser Erkenntnisinteresse einen Einfluss auf die Erzählungen genommen. Zum anderen sind wir beim Verschriftlichen zwar dem Erzählduktus seiner Geschichten und seinem Sprachstil treu geblieben, dennoch war es in Übereinkunft mit dem Interviewten notwendig, Kürzungen und kleinere sprachliche Glättungen vorzunehmen. Vor allem aber haben wir aus der Fülle des Materials eine Reihe von Erzählungen weggelassen, sodass nun ein redaktionell bearbeitetes Ego-Dokument vorliegt, das gemeinsam mit Abraham Gafni zusammengestellt und von ihm autorisiert wurde.

Dieses Buch ist Teil des Großprojekts „Alte Heimat / Schnitt / Neue Heimat" unter der Leitung von Horst Schreiber, der Jüdinnen und Juden aus Innsbruck oder mit Tiroler Wurzeln, die während der Zeit des Nationalsozialismus vertrieben wurden, in ihrer neuen Heimat in England und Israel interviewte. Emir Handžo und Vinzenz Mell filmten die Interviews und stellten einen Kurz-Dokumentarfilm zusammen. Christoph W. Bauer verfasste zehn jüdische Lebensbilder in seinem Buch „Die zweite Fremde". Irmgard Bibermann erarbeitete ein Erinnerungstheater, welches das Leben von zwei InterviewpartnerInnen – Abraham Gafni und Dorli Neale (Pasch) – auf die Bühne brachte. Zudem zeichnet sie für einen weiteren Teil des Projekts verantwortlich: Auf der Homepage von _erinnern.at_ finden sich Interviewsequenzen der Vertriebenen nach Themen geordnet, darüber hinaus auch ihre Video-Porträts und Anregungen für die Bildungsarbeit. Den Schnitt besorgte Christian Kuen.

Das vorliegende Buch präsentiert den Lebensweg von Abraham Gafni, gleichzeitig verfolgt es die Absicht, anhand seiner individuellen Geschichte die Wechselwirkung zwischen Individuum und den übergeordneten Strukturen herauszuarbeiten. Daher führen einleitende Informationstexte in die einzelnen Abschnitte der Erzählungen von Abraham Gafni ein, denen ein historischer

Essay über die Entwicklung jüdischen Lebens in Tirol seit dem 19. Jahrhundert vorangestellt ist.

Voraussetzung für das Zustandekommen dieses Buches waren die grundlegenden Forschungsergebnisse zur jüdischen Geschichte in Tirol von Thomas Albrich. Martin Achrainer und Niko Hofinger haben die wesentliche Vorarbeit zur Darstellung des Schicksals der weit verzweigten Familie von Abraham Gafni geleistet. Beide stellten ihr Wissen und wertvolle Materialien zur Verfügung, Maria Luise Stainer ihren Fundus an Interviews und zahlreiche wichtige Dokumente. Ihnen allen sei herzlich gedankt.

Zipora und Abraham Gafni danken wir für ihr Vertrauen, ihre Warmherzigkeit und ihre familiäre Gastfreundschaft.

Innsbruck, im Februar 2014
Horst Schreiber, Irmgard Bibermann

JÜDISCHES LEBEN IN TIROL

EIN HISTORISCHER ESSAY

12. April 1809: Wüster Lärm dringt aus den Wohnräumen des Abraham Dannhauser, ein ohrenbetäubendes Geschrei erfüllt die Schlossergasse in der Innsbrucker Altstadt. Grobschlächtige Männer zerhacken die Türen und Kästen, aus den Öfen schlagen sie das Eisen. Während die einen den Laden zertrümmern, verprügeln die anderen mit Gejohle den Dannhauser. Von den wütenden Schlägen der Freiheitshelden erholt sich der Misshandelte bis an sein Lebensende nicht mehr. Plünderern und Dieben gleich, tun sich die Bauern-Truppen des Andreas Hofer an fremdem Besitz gütlich, zur höheren Ehre Gottes, in dessen Namen und dem des Kaisers sie sich anschicken, Innsbruck von nun an zu regieren. Statt der Bayern und Franzosen. Deren Losung ist ihnen verhasst – als umstürzlerisch gegen das angestammte Kaiserhaus der Habsburger, als glaubensverneinend und ketzerisch gegen Rom, den Papst, die heilige Mutter Kirche. Freiheit, Gleichheit, Brüderlichkeit: So klingt die Revolution, der Aufruhr, der Frevel. Und haben nicht auch die Juden, wie immer, ihre Hände im Spiel?

Wie losgebundene wütende Kettenhunde hätten sie sich aufgeführt und zu den schändlichsten Räubereien berechtigt gefühlt, schreibt ein Zeitgenosse. Wohlhabende Bürger in Innsbruck fürchten um ihr Hab und Gut, auch sie sind Zielscheibe von Überfällen der „Befreier". Doch ganz besonders haben es die Bauern des Landsturms von Andreas Hofer und der Stadtpöbel auf die Handvoll jüdischer Familien abgesehen. Ihre Abneigung gegen das scheinbar Fremde soll auch die Kassa klingeln lassen: Zeit des Raubes, Zeit der Abrechnung gegen all das Umrührerische und Liberale, das sich in der Stadt Innsbruck breitgemacht hat.

„Es blutete der Brüder Herz,
Ganz Deutschland, ach, in Schmach und Schmerz.
Mit ihm das Land Tirol",

so heißt es in der ersten Strophe des Andreas-Hofer-Liedes, geschrieben von einem deutschen Burschenschafter mit jüdischen Wurzeln. Julius Moses ist sein Name, aus Sachsen kommt er, und 1831 dichtet er für den unsterblichen Ruhm des bewunderten Bauernführers. Seit 1948 ist sein Text zur Tiroler Landeshymne erhoben. 2003 feiern ihn Land Tirol, Stadt Innsbruck und Schützen aus Nord- und Südtirol. Nahe dem Eingang des geschichtsträchtigen Hotels Goldener Adler in der Innsbrucker Altstadt, wenige Schritte vom Goldenen Dachl entfernt, wo Andreas Hofer nach dem Sieg gegen die Truppen Napoleons wohnte, weiht der Domprobst eine Bronzetafel mit dem Antlitz von Moses ein, der sich wenige Jahre vor Ausbruch der Revolution 1848 umbenannte und fortan Mosen hieß. Ob der liberal-revolutionär Gesinnte, der als Burschenschafter und Dichter für ein einig deutsches Vaterland eintrat und die obrigkeitsstaatliche Unterdrückung bekämpfte, von den antijüdischen Ausschreitungen wusste? Oder kümmerten sie ihn gar nicht, da er als Lutheraner seine weit zurückliegende jüdische Herkunft vergessen wollte?

In Mantua verteidigt Gioacchini Basevi, ein in Italien lebender jüdischer Rechtsanwalt, den habsburgtreuen Hofer. Für seine unerschrockenen Dienste vermacht Hofer dem Basevi seine Taschenuhr. So steht es im Feuilleton der Zeitschrift *Der Israelit* vom 5. Oktober 1934. Diese „Jüdischen Reminiszenzen anläßlich der 125-Jahrfeier der Tiroler Freiheitskämpfe" erwähnen eine Schriftstellerin, Klothilde Benedikt, die schreibt: „In der heutigen kritischen Zeit sollte das Judentum sich nicht den Ruhm nehmen lassen, daß es Andreas Hofer den Verteidiger bei seinem Todeswege gestellt hat." „Kein anderer Advokat in Mantua stellte sich in die Bresche, abgesehen davon, dass kein anderer genügend die deutsche Sprache beherrschte, um sich mit dem Tiroler zu verständigen", bemerkt der Verfasser des Artikels stolz: „Obwohl der so fromm katholische Andreas sicher einen Glaubensgenossen vorgezogen hätte".

* * *

In den Jahrzehnten nach den Napoleonischen Kriegen verhindert das Bündnis zwischen Adel und katholischer Kirche erfolgreich die Niederlassung Andersgläubiger, ob jüdisch oder evangelisch. Der Erhalt der religiösen Sonderstellung Tirols steht im Mittelpunkt aller Bestrebungen der Eliten des Landes. Die wichtigsten Vertreter des Katholizismus politisieren sich und entwickeln eine tirol-patriotische Haltung. Um die Mitte des 19. Jahrhunderts kann Tirol die höchste „Priesterdichte" Österreichs vorweisen. Das Land versteht sich als Modell konservativer Ordnung für andere österreichische Kronländer. Tirol stemmt sich gegen den Zeitgeist national-separatistischer und liberaler Tendenzen. Das Festhalten an der unbedingten Glaubenseinheit Tirols gilt Adel und Klerus, aber auch weiten Teilen der Bevölkerung, als Schutzmauer gegen gesellschaftlichen und religiösen Zerfall. Die „reine" Katholizität ist das Symbol für die Einheit des Landes Tirol, für Stabilität und eine intakte Dorfgemeinschaft. Politische und soziale Modernität, wie sie die Revolution 1848 auf ihre Banner schreibt, sind in Tirol ein Schreckgespenst. Der Ausdruck „heiliges Land Tirol" bezieht sich auf diese Glaubenseinheit, welche die Konservativen um jeden Preis erhalten wissen wollen. Er ist aber auch ein landespolitischer Begriff zur Durchsetzung vielfältiger Interessen der Eliten Tirols. Protestanten, Juden, Sozialisten – sie bedrohen in den Augen der Katholisch-Konservativen diese Glaubens- und Landeseinheit. Noch 1837 müssen Protestantinnen und Protestanten das Zillertal verlassen und ihre Heimat unfreiwillig aufgeben. Und auch eine Zuwanderung von Arbeitskräften fremder Konfession weiß man zu verhindern: Adel und Klerus stemmen sich gegen eine industrielle

Entwicklung in Tirol, sie fürchten jegliche wirtschaftliche und gesellschaftliche Veränderung. Doch nicht nur religiöse Gründe, auch materielle Interessen sind im Spiel, die Angst vor Konkurrenz und dem Verlust der Privilegien. Das agrarisch dominierte Land ist rückständig und innovationsschwach, der Tiroler Wirtschaft fehlen Impulse für den Ausbruch aus provinzieller Enge. Und so sind es nicht zuletzt jüdische Familien, die einen wichtigen Beitrag zur wirtschaftlichen Modernisierung Tirols leisten. Voraussetzung dafür ist ein langwieriger Prozess der Emanzipation und der rechtlichen Gleichstellung der Juden im 19. Jahrhundert.

* * *

Die Entfaltung jüdischen Lebens in Tirol ist denkbar schwierig, stößt allerorts auf Hemmnisse und Hindernisse. Zwischen 1812 und 1818 verlieren Tiroler Juden auch die wenigen Freiheiten, die Kaiser Joseph II. gewährt hatte. Wohnen, Heiraten, Arbeiten und Erwerben: Alles verschlechtert sich. Nur wenige jüdische Familien dürfen in Tirol ansässig sein. Im Regelfall ist es lediglich dem ältesten Sohn erlaubt, sich zu verehelichen und dem Vater als Familienoberhaupt nachzufolgen. Die Geschwister müssen entweder ledig bleiben oder das Land verlassen. Bis 1867 ist es Juden im Allgemeinen nicht erlaubt, sich in Tirol anzusiedeln. Vereinzelt werden Ausnahmen gemacht – gegen Bezahlung eines jährlichen Schutzgeldes. Vom Kauf und Verkauf von Realitäten sind Juden künftig wieder ausgeschlossen.

Mitte der 1820er Jahre sind die meisten alteingesessenen jüdischen Familien weggezogen, überaltert oder ausgestorben. An ihre Stelle treten Zuwanderer, die mit Hartnäckigkeit und Geschick die diskriminierenden Gesetze zu umgehen wissen und zu Vorreitern rechtlicher Gleichstellung werden. In den Augen der Tiroler Behörden handelt es sich um Männer mit einem Unternehmergeist, der in der rückwärtsgerichteten Wirtschaftsmentalität des Landes selten vorzufinden ist. Einer von ihnen ist Martin Steiner aus Böhmen, 1826 Gründer des späteren „Bürgerlichen Bräuhauses" in Innsbruck, ein anderer David Friedmann aus Bayern, der im selben Jahr eine „Cotton- und Wollenfabrikation" an der Sill in Innsbruck errichtet. Jahrelang müssen sie um Ausnahmegenehmigungen für den Erwerb ihrer Häuser und Betriebe kämpfen, auch Strohmänner sind vonnöten. Zu dieser Zeit gibt es fast keine Fabriken in Tirol und die drei Brauereien sind nicht in der Lage, den Bierdurst der Tiroler ganzjährig zu stillen. Die Qualität des Biers ist miserabel. Steiner leistet seinen Beitrag, dass es bekömmlicher wird. Die Tiroler zeigen sich erfreut, doch Dank sieht anders aus. Martin und Johanna Steiner haben neun Kinder, wegen des diskriminierenden Eherechts darf nur der älteste Sohn Max in Innsbruck heiraten. Er ist ein von Patriotismus erfüllter Tiroler, 1848 zieht er als Freiwilliger mit der Landesverteidigungskompanie Innsbruck an die Südgrenze. Doch auch dies verhindert nicht, dass seine Geschwister abwandern müssen.

Eine weitere bedeutende Persönlichkeit ist Marcus Loewe aus Württemberg, der sich bis Mitte der 1870er Jahre vom Buchhalter zum größten Privatbankier Tirols hocharbeitet. Unter der Leitung seiner Neffen Julius, Max und Theodor Stern investiert das Bankhaus in den Bau der Innsbrucker Lokalbahnen und der Zillertalbahn, alles Projekte, die dem in den Kinderschuhen steckenden Tiroler Fremdenverkehr einigen Schwung verleihen.

* * *

Die politischen Veränderungen in der Habsburger Monarchie nach dem verlorenen Krieg gegen Preußen eröffnen der jüdischen Bevölkerung ungeahnte Möglichkeiten. Die Staatsgrundgesetze vom Dezember 1867 gewähren volle Glaubens- und Gewissensfreiheit und die rechtliche Gleichstellung aller Staatsbürger. Zwar werden Juden nicht als Nationalität innerhalb der Monarchie anerkannt, doch als Individuen sind sie nun emanzipiert. Der Genuss der bürgerlichen und politischen Rechte bedeutet, dass sie arbeiten und leben können, wo sie wollen, und ungehindert Haus- und Grundbesitz erwerben dürfen. Seit den Anfängen jüdischen Lebens in Tirol im Mittelalter dominieren Ansiedlungsbeschränkungen, Verbote und Vertreibungen, sodass sich nur einzelne tolerierte jüdische Familien ansiedeln konnten. Mit der Niederlassungsfreiheit beginnt nun eine gemächliche, jedoch stetige und ab den 1890er Jahren stürmische Zuwanderung, die letztlich zur Etablierung einer jüdischen Gemeinde in Tirol führt. Außerhalb von Innsbruck lassen sich nur wenige Jüdinnen und Juden nieder. Zwischen 1869 und dem Ausbruch des Ersten Weltkrieges wächst die jüdische Gemeinde Tirols von 60 auf 470 Mitglieder.

Die jüdische Zuwanderung speist sich aus allen Teilen der Monarchie. Die häufigsten Herkunftsgebiete sind Böhmen, Mähren, die Slowakei und vor allem der östlichste Teil der Monarchie – Galizien. Fast alle der rund 100 in Galizien geborenen Jüdinnen und Juden, die nach Tirol ziehen, verbringen einen längeren Lebensabschnitt zuerst in Wien. Nicht selten sind es erst ihre Kinder, die den Schritt in den Westen der Monarchie wagen. Armut, Arbeitslosigkeit und Hunger zwingen dazu, die Heimat aufzugeben. Die Hoffnung auf ein besseres Leben und das Streben nach sozialem Aufstieg sind es, die Jüdinnen und Juden veranlassen, ihr Glück in der Fremde zu suchen. Die Reichshauptstadt hat eine magische Anziehungskraft, die jüdische Zuwanderung konzentriert sich aber auf zwei Bezirke: auf den XX. und den II. Bezirk, die Leopoldstadt. Wer hier ankommt, ist nicht auf sich alleine gestellt und trifft auf eine vielfältige jüdische Infrastruktur, die ein buntes religiöses Leben ermöglicht. Die Leopoldstadt ist geprägt von bitterarmen, tiefgläubigen Jüdinnen und Juden aus dem Osten der Monarchie, schief beäugt nicht nur von den Wienerinnen und Wienern, sondern auch von der alteingesessenen, assimilierten jüdischen Bevölkerung. Ein wirtschaftliches Weiterkommen gestaltet sich für die Neuankömmlinge mehr als schwierig. Die Leopoldstadt ist überbevölkert, der berufliche Handlungsspielraum begrenzt. Allzu viele sind in denselben Berufsfeldern tätig: als Kaufleute, Händler, Handwerker, Trödler, Hausierer. Allerdings: Der Bildungshunger ist in der jüdischen Bevölkerung weitaus ausgeprägter als in der christlichen, das Universitätsstudium ein sehnlichst angestrebtes Ziel und eine Möglichkeit, sich sowohl eine Karriere als auch soziale Anerkennung zu erarbeiten. Zwischen 1850 und 1900 steigt die Zahl der jüdischen Studenten rasant, ab der Jahrhundertwende auch jene der jüdischen Studentinnen. Drei Universitäten in der Monarchie meiden jüdische Studierende: Prag, Graz – und Innsbruck.

Dennoch, neben Händlern befinden sich in den 1870er Jahren auch mehrere Universitätsprofessoren unter den jüdischen Zuwanderern nach Innsbruck. Unter ihnen ein weltweit anerkannter Augen-Operateur, Ludwig Mauthner, der als erster Jude eine ordentliche Professur an einer österreichischen Universität erlangt. Laut einer Berliner Satirezeitung soll er bemerkt haben, dass er in Tirol viel zu tun bekomme, denn er kenne kein Land, „in dem so viele Menschen gen Himmel schielen".

* * *

Tirol und seine Landeshauptstadt Innsbruck sind im letzten Drittel des 19. Jahrhunderts attraktive Aufnahmegebiete für eine Zuwanderung. Zwar erscheint Tirol wegen seiner agrarischen Ausrichtung noch im Jahr 1930 als „Oase in der kapitalistischen Wüste", in einem Zustand geringer Industrialisierung, was mehr gelobt als betrauert wird. Doch die Bevölkerungszunahme führt ab der Jahrhundertmitte zu einer Veränderung der Erwerbsverhältnisse und sozialen Strukturen. Dies gilt besonders für die Stadt Innsbruck, die einen Aufstieg zum Verkehrs-, Verwaltungs- und Handelszentrum erlebt. Zwischen 1870 und 1900 verdoppelt sich die Bevölkerung Innsbrucks von 25.000 auf 50.000 Menschen, in den nächsten zehn Jahren nimmt sie nochmals um ein Drittel zu. Der Bau der Arlberg- und Brennereisenbahn mit Anbindung ans europäische Bahnnetz, die Errichtung neuer Verkehrswege in großer Zahl, die Straßenbahn, die Haller- und Igler-Bahn erschließen das Land und den städtischen Einzugsbereich von Innsbruck. Der überregionale Warenverkehr nimmt zu, die Verstädterung verlangt nach neuen Formen der Warenverteilung. Eine moderne Postverwaltung und das Aufkommen von Telegrafie und Telefon sind Zeichen der dynamischen Entwicklung der Kommunikationsstrukturen. Durch die Gewerbeordnung von 1859 können mit wenig Geld und geringen formalen Qualifikationen Geschäfte gegründet werden. Kurz, die Nachfrage nach Arbeitskräften ist ebenso groß wie der Bedarf an innovativen Unternehmern. Auf den Bau und in die Fabriken strömen Arbeiter aus Italien und Böhmen. Von dort bricht auch Daniel Swarovski auf, um sich in Wattens niederzulassen und eine Glasschleiferei zu gründen: mit einem jüdischen Kompagnon. Und schließlich versuchen zwischen 1870 und 1900 jüdische Zuwanderer die Gunst der Stunde zu nutzen. Meist sind es kleine Händler, die Konfektionswäsche und Konfektionskleidung verkaufen. In den 1880er und 1890er Jahren finden sich auch in Bezirksstädten wie Telfs, Hall und Wörgl einige jüdische Familien und Einzelpersonen.

Michael Brüll zieht von Mähren nach Wien, wo seine Mutter Josefine ein kleines Möbelhaus aufbaut. Nach seiner Übersiedlung nach Innsbruck führt er mehrere Möbelhandlungen, schließlich auch das Möbelhaus und die Möbelfabrik Brüll in der Anichstraße, in der 70 Arbeitskräfte angestellt sind. Friedrich Pasch errichtet in der Maria-Theresien-Straße ein Modegeschäft, sein Bruder Julius in unmittelbarer Nähe zwei Schuhgeschäfte. Samuel Schindler aus Schlesien ist Gründer der Spirituosenfabrik und Branntweinbrennerei in der Andreas-Hofer-Straße mit mehreren Zweigstellen. Seine Söhne Hugo und Erich eröffnen nach dem Ersten Weltkrieg die bald stadtbekannte Café-Konditorei Schindler in der Maria-Theresien-Straße. Hier werden nicht nur die besten Torten von Innsbruck kredenzt, das Café wartet mit einer weiteren Besonderheit auf: Nachmittags und abends wird Tanzmusik geboten.

Allein in den 1890er Jahren verlassen fast 120.000 Jüdinnen und Juden das von blutigen Ausschreitungen heimgesuchte Armenhaus der Monarchie: Galizien. Sie wandern vor allem in die USA aus, jeder fünfte nach Wien, wo die jüdischen Neuankömmlinge als „Ostjuden" Zielscheibe des aufkommenden Rassenantisemitismus sind. So auch Simon Graubart. Vom galizischen Bolechow zieht er nach Wien in den II. Bezirk und ist dort als Handelsagent tätig. Sein Onkel Markus Wohl errichtet in Langen am Arlberg eine Baracke, in der er den Arbeitern Schuhe und Kleider verkauft. Ein Jahrhundertwerk wird in Angriff genommen – der Bau der Arlbergbahn. Auch Simon Graubart hilft mit, dann geht er nach Innsbruck und eröffnet ein Hut- und Schuhgeschäft in der Altstadt in der Herzog-Friedrich-Straße – mit dem Darlehen von Salomon Baum, einem ebenfalls aus Galizien stammenden Juden, der in derselben Straße ein Hut-, Modewaren- und Schuhgeschäft führt. Zuletzt erwirbt Simon Graubart ein großes Schuhgeschäft in der Museumstraße.

Die wirtschaftlich erfolgreichsten jüdischen Familien sind Bauer und Schwarz. Josef Bauer stammt aus der Gemeinde Mattersburg im Burgenland, das zu dieser Zeit noch zu Ungarn gehört, Victor Schwarz aus dem kroatischen Esseg/Osijek. Die Perspektiven in ihrer Heimat sind düster, das führt sie nach Wien und schließlich nach Innsbruck. Josef Bauer muss sich in Innsbruck, Hall und Südtirol zunächst als Marktfahrer durchschlagen, bis er in Innsbruck als Händler in gemieteten Lokalen in Erscheinung tritt. Sein Sohn Louis steht ihm zur Seite, schließlich erwirbt er ein Haus in der Maria-Theresien-Straße. Victor Schwarz heiratet Josef Bauers Tochter Rosa und die beiden Familien knüpfen enge geschäftliche Verbindungen. Schwarz mietet sich in der Altstadt unter den Lauben im „Goldenen Dachlgebäude" ein, einige Jahre führt er in der Maria-Theresien-Straße ein Warenhaus, das in seinem Eigentum steht. Nach mühsamem Aufstieg aus kleinen Anfängen ist es schließlich 1908 so weit: Die Familien Bauer und Schwarz eröffnen das erste Großkaufhaus Tirols in der Maria-Theresien-Straße in Innsbruck. Auch die Konkurrenz profitiert – wenn sie sich spezialisiert –, schließlich erhöht sich wegen des Kaufhauses die Frequenz an Kundinnen und Kunden im Zentrum der Landeshauptstadt spürbar. Das Warenhaus Bauer & Schwarz ist Sinnbild städtischer Modernität, auch in seiner Architektur. Neuartige Baumaterialien – Stahl und Beton – kommen zum Einsatz; eine Zentralheizung, eine aufwändige künstliche Beleuchtung und eine Ladenfront aus Glas, die bis auf das Niveau des Gehsteigs reicht, verbreiten das Flair der europäischen Metropolen. Erholungsräume wie Buffet, Lese- und Schreibzimmer sowie ein Springbrunnen inmitten einer Gartenanlage in einer glasüberdeckten Innenhalle, die natürliches Tageslicht einströmen lässt, entsprechen dem Konzept des Erlebniseinkaufs.

Um 1900 sind die Veränderungen in der Innsbrucker Innenstadt unübersehbar. Abrahamer, Bauer und Schwarz, Baum, Berger, Blum und Haas, Brüll, Fuchs, Graubart, Hacker, Heber, Krieser, Löwensohn, Mayer, Meisel, Pasch, Schindler, Schulhof, Siegert, Stiassny und Schlesinger, um nur einige zu nennen, gelten als erfolgreiche jüdische Kaufleute. Sie beleben die Konkurrenz und bieten eine Vielfalt von Waren zu günstigen Preisen an. In der einst so verschlafenen Provinzstadt pulsiert das Geschäftsleben.

Doch nicht allen bekommt die Fremde so gut. Eine Reihe von Namen Zugewanderter aus den 1860er und 1870er Jahren verschwindet wieder aus den Innsbrucker Unterlagen. Und so mancher fristet sein Dasein als Trödler und Kleinhändler und kommt kaum über die Runden. Über einige der Zugewanderten wissen wir fast gar nichts. Ihr Leben, ihre Sorgen und vergeblichen Hoffnungen bleiben uns verborgen. Sie sind gescheiterte, anonyme Existenzen, an die wir uns nicht erinnern. Manchmal eilt der Zufall zu Hilfe und wir erhaschen durch einen glücklichen Fund Einblick in ein Leben am Rande der Gesellschaft: Josef Lehrmann wandert von Galizien nach Innsbruck und verdingt sich als Hausierer. In den spärlich erhaltenen Dokumenten treffen wir auf einen Mann, der alles unternimmt, um Fuß zu fassen, Anschluss zu finden, sich anzupassen und Anerkennung in der bürgerlichen Gesellschaft zu finden. Als Kaiserjäger erhält er die kleine silberne Tapferkeitsmedaille und die Tiroler Landesgedenkmünze für seinen Einsatz im Ersten Weltkrieg. Eine schwere Verwundung macht ihn zum Invaliden, mit seinem stark verkürzten rechten Bein ist es noch schwieriger, sich beruflich zu behaupten. Er ist Gründungsmitglied der Ortsgruppe Hötting des katholischen Kaiserjägerbundes und pflegt Tiroler Selbstverständnis und die k. u. k. Vergangenheit. In den frühen 1920er Jahren sucht er um die österreichische Staatsbürgerschaft und die Heimatberechtigung in Innsbruck an. Sein Geburtsort liegt in Südpolen. Seit dem Untergang der Monarchie sind die Grenzen verschoben und neue Staaten entstanden. Wer will schon einen armen Ostjuden? Josef Lehrmann hat zwar für Gott, Kaiser und Vaterland gekämpft, für Österreich-Ungarn und Tirol. Doch die Landesregierung sieht darin keinen berücksichtigungswürdigen Grund und weist sein Gesuch 1923 ab, da er nicht in der Lage ist, den Nachweis der deutschen „Rassezugehörigkeit" zu erbringen. Als Handelsreisender, Hausierer, Trödler und kurzzeitiger Inhaber eines winzigen Manufakturengeschäfts, das den Ausgleich anmelden muss, fristet er sein Leben. Josef Lehrmann klagt darüber, dass er sich „kaum die Suppe verdient". Im Nationalsozialismus muss er die Tapferkeitsmedaille abstecken und den Judenstern tragen. Der erwartungsvolle Aufbruch in den goldenen Westen endet 1942 im Konzentrationslager Theresienstadt.

* * *

„Seit jenen goldenen Kindertagen sind nun schon mehrere Jahre hingegangen und wenn auch mancher Kummer darin lag, sollte es doch nur sein, um das Band unserer Liebe inniger zu knüpfen, um uns immer deutlicher zum Bewußtsein zu bringen, welch unendlich gute Eltern uns geboren haben. Ich gedenke heute deines Geburtstages, teuere Mama und die ganze Kinderzeit steht auf einmal vor mir. Du, die so treu und hingebungsvoll uns behütet hat, die wie ein schützender Engel die kleinste Sorge von uns nahm. Du bist es, die uns die Kinderzeit so leicht und sorglos machte. Und so bist du noch jetzt – alles gibst

Du her, restlos und ohne Zaudern oder Widerwillen, alles dem Gatten und den Kindern, nichtachtend der eigenen persönlichen Bedürfnisse. (...) Ich flehe das gütige, gerechte Schicksal an, Dich uns lange in frischer Gesundheit zu erhalten, damit Dir die Freude geschenkt sei, uns im Streben nach menschlicher Vollkommenheit immer wachsen zu sehen und uns Deiner würdig zu zeigen."

So liebevoll wendet sich Walter Schwarz, der Erstgeborene, an seine Mutter Rosa, die ihren Geburtstag feiert. Vater Victor ist bereits dem Tode geweiht. Sicherlich, die Familie hat viele Gesichter, so auch Mama und Papa Schwarz. Walters Bruder Ernst beklagt den Mangel an mütterlicher Anerkennung, nach der er sich so sehr sehnte. „Ich habe in meiner Jugendzeit in Innsbruck viele Schläge von Mutter bekommen, mehr als alle anderen Geschwister zusammengenommen. Mutter benützte dazu den ‚Scheckel'. Er bestand aus einem ca. 40 cm langen Stock, ziemlich dick und daran hingen 4–5 cm lange Lederriemen befestigt. Und damit schlug die Mama auf mich darauf los. Ich muss es wohl verdient haben und vielleicht darum habe ich es der Mama zeitlebens nicht übelgenommen."

Dennoch: Im selben Maße wie sich die zugewanderten Jüdinnen und Juden ihrer katholischen Umwelt anpassen und den jüdischen Glauben pragmatisch praktizieren, verstärken sich die Familienbande. Dies hat mit dem angestrebten wirtschaftlichen und sozialen Aufstieg zu tun. Und mit dem Umstand, einer Minderheit anzugehören, die besonders auf Verlässlichkeit, Sicherheit und Unterstützung angewiesen ist, in ihrem Willen zur Integration in der Mehrheitsgesellschaft aber auf Widerstände stößt. So ist die Familie ein soziales Netzwerk, das gegenseitig Hilfe gewährt, wenn man sie benötigt. Je mehr sich die Zugezogenen von ihrer Bedürftigkeit und vormodernen Beschaulichkeit des Herkunftsortes distanzieren und je mehr sie sich von seit Generationen gepflogenen Traditionen lösen, desto städtischer, bürgerlicher und weltlicher geben sie sich: in ihrem Auftreten und Handeln, in ihrem Arbeiten und Alltagsleben, in ihrem kulturellen Gebaren, ihrer Kleidung, Sprache und Erziehung. Die Familie wird zum Eckpfeiler eines zunehmend säkularen Judentums in Innsbruck, zu einem bürgerlichen Wert, an den sich die Tiroler Jüdinnen und Juden ebenso orientieren wie an Bildung, Leistung, Erfolg und Kultur. Rosa Schwarz singt Wiener Lieder, Lieder von Schumann und Schubert, Opernarien aus dem „Freischütz", „Hoffmanns Erzählungen", „Norma", „Lucia di

Lammermoor" und „Fra Diavolo". Ihr Sohn Ernst trägt Hugo Wolf, Brahms und Richard Strauss vor, seine Frau Helene begleitet ihn am Klavier. Arthur Bauer ist Kapellmeister und komponiert selbst Lieder; auch Rosas Lieblingssohn Walter macht Karriere als Kapellmeister an den Stadttheatern von Stuttgart, Karlsruhe, Düsseldorf und Bonn. Seinen Geschwistern bringt er die Liebe zur Musik Richard Wagners bei, er spielt ihnen den gesamten „Ring" auf dem Klavier vor und erläutert das Werk. Die Familien Pasch lieben romantische Lieder, am meisten Schubert und Hugo Wolf. Friedrich Pasch singt, seine Frau Rosa spielt Klavier, Bruder Julius Cello. Richard Schwarz trällert schon kurz nach dem Aufstehen, im Badezimmer schmettert er Opernarien. Seinem Sohn und seiner Tochter lehrt er das Klavierspiel. Oft musizieren sie zu dritt, der Vater streicht die Violine. „Vater hat mich auch, als ich noch ziemlich jung war, in die erste Oper mitgenommen, das war Lohengrin, und ich habe das nie vergessen, es ist mir in Erinnerung geblieben", erzählt Erika Schwarz. Die jüdischen Kaufmannsfamilien pflegen den bürgerlichen Musikkanon, ein Klavier fehlt in kaum einem Wohnzimmer. Gemeinsames Musizieren stärkt den Zusammenhalt der Familie, ist sichtbares Zeichen von Bildung, ja Kultiviertheit und Ausdruck bürgerlicher Selbstvergewisserung, wie die Veranstaltung von Musikabenden im trauten Heim. Bildung und Identifikation mit „deutscher" Kultur versprechen Akzeptanz in der Mehrheitsgesellschaft und sind mit der Hoffnung auf gesellschaftliche Integration verbunden, gleichzeitig wiegen sie die Abkehr von Tradition und Religion auf.

Mit der Annäherung an einen neuen Lebensstil, mit der Verinnerlichung und Entäußerung eines Stolzes auf Tirol und eines Stolzes, Tirolerin und Tiroler zu sein, angesehene und akzeptierte Bürgerinnen und Bürger der Stadt Innsbruck, verblasst die Religion. An ihre Stelle tritt immer mehr die Familie, in der es in erster Linie die Mütter sind, welche die jüdischen Traditionen und kultischen Feiern hochhalten, in Sorge um den Verlust des Glaubens. Gleichzeitig festigen sie den Zusammenhalt der Familie, wenn die Töchter und Söhne, Schwiegertöchter und Schwiegersöhne, die Großeltern, Onkeln und Tanten, Neffen, Cousins und Cousinen, Freundinnen, Freunde und Bekannte regelmäßig zusammentreffen, um etwa am Sederabend einen Hausgottesdienst zu begehen, zu singen, zu beten, sich des Auszugs aus Ägypten zu erinnern, die Mazze, einen ungesäuerten Brotfladen, zu brechen und miteinander von anderen Speisen zu kosten, vom Charosset, dem süßen braunen Brei, oder vom gebratenen Lammknochen mit ganz wenig Fleisch.

Die Familie vermittelt Sicherheit und Geborgenheit, ist Heimat und Zufluchtsort; sie gibt Gruppenidentität und stellt einen hohen moralischen Wert dar. Sie ist Ersatz für ein Judentum, das sich religiös definiert. Doch Vorsicht: Für die Jüdinnen und Juden von Tirol, und seien sie noch so assimiliert, ist die Religion weiterhin von Bedeutung, für die erste Generation sowieso. „Bleibet treu in eurem Glauben", gibt Victor Schwarz seinen Kindern mit auf den Weg. „Die Familie war die Hauptsache, wir haben alle Festtage, alle Feiertage zusammen gefeiert, wir haben immer gemeinsam alle Mahlzeiten zusammen gehabt, auf meinen Vater gewartet, bis er vom Geschäft gekommen ist und wir haben sehr viele Ausflüge miteinander gemacht", schildert Erika Schwarz und fährt fort: „Für uns war es wichtig, scheinbar für meine Eltern, dass wir eine Zugehörigkeit haben zum Judentum und deshalb sind wir auch zu allen Feiertagen in die Synagoge gegangen, abgesehen davon, dass mein Vater den Chor geleitet hat und dort gesungen hat und auch ich habe im Chor gesungen; aber wir haben die Feiertage gefeiert als Zugehörigkeit, nicht als Glaube. (…) Ich war nie sehr fromm, ich habe nur das Gefühl gehabt, dass ich zu irgendeinem Teil der Menschheit gehören muss und deshalb sind wir dann sogar am Freitagabend in die Synagoge gegangen, als wir einen neuen Rabbiner gehabt haben, der gesagt hat, auch wenn ihr nicht glaubt, ihr kommt in die Synagoge und ihr habt das Zusammengehörigkeitsgefühl, das auch wichtig ist, und so war das."

* * *

Josef Bauer, der Stammvater der wirtschaftlich erfolgreichsten jüdischen Familie Innsbrucks – Bauer & Schwarz – verheiratet seine Tochter Rosa mit Victor Schwarz, seine Enkelin Flora ehelicht Hugo, den Bruder Victors. Isidor, ein Sohn Josef Bauers, schließt den Bund der Ehe mit seiner eigenen Nichte Paula. Ernst Schwarz, der Sohn Victors, heiratet Helene Kafka, eine Enkelin von Louis Bauer, der seinerseits ein weiterer Sohn des Josef Bauer ist. Dessen Tochter Fanny nimmt Alexander Mayer zum Gatten. Nina, eine weitere Tochter, ehelicht Michael Brüll. Alice Bauer, Enkelin von Josef Bauer und Louis Bauers

Tochter, ist die Gattin von Wilhelm Adler, dessen Tochter Magda heiratet wiederum Richard Schwarz, den Sohn von Victor Schwarz.

Die jüdischen Zuwandererfamilien Innsbrucks heiraten in hohem Maße untereinander und bilden so Netzwerke gegenseitiger Unterstützung. In der ersten Generation beeinflusst die kaufmännische Tätigkeit maßgeblich die Wahl der Partnerinnen und Partner, wobei jüdische Eheleute nicht einfach einen Partner ehelichen, sondern in eine Familie heiraten. Ehen sind zuallererst Verträge zwischen Familien. Diese Arrangements garantieren handfeste materielle Vorteile und erhöhen die Chance auf einen sozialen Aufstieg. Zu diesem Zweck hatten die Männer, Frauen und Familien ihre ursprüngliche Heimat verlassen, damit es einst den Kindern besser gehen möge. Und wem kann der Fremde in der Fremde trauen, die zur Heimat werden soll und zur Heimat nur werden kann, wenn die Fenster und Türen eines eigenen Heims geöffnet und versperrt werden können? Von wem Unterstützung erfahren, mit wem sein Kapital zusammenlegen im gegenseitigen Wissen um unbedingte Verlässlichkeit und Redlichkeit? Gerade angesichts eines fehlenden Netzwerkes und mangelnder persönlicher Kenntnisse und Kontakte? Religiös-ethnische Motive sind bei der Partnerwahl da und dort ausschlaggebend, im Vordergrund steht aber zweifellos der Aspekt des Aufstiegs. Die Ehen in der zweiten Generation spielen in Tirol für den wirtschaftlichen Erfolg keine so wesentliche Rolle mehr, doch enge familiäre Verbindungen sind hilfreich, schaffen gegenseitige Verpflichtungen, sichern das Erreichte ab. Zudem, Alternativen sind nur in beschränktem Maß gegeben. Das katholisch-konservative und deutsch-nationale Milieu ist wenig durchlässig, das sozialdemokratische steht dem Kaufmännischen fremd gegenüber oder ist für aufstiegsorientierte jüdische Familien zu ärmlich, das liberale und protestantische öffnet sich am ehesten. Immerhin, mit zunehmender Assimilation steigen auch die Konversionen und Ehen mit nicht-jüdischen Einheimischen, nicht untypisch für die jüdischen Gemeinden in der Provinz. Dennoch ist die Abwendung vom jüdischen Glauben insgesamt selten.

Zwei Brüder von Victor Schwarz lassen sich taufen: Schigo wird Gemeindearzt in Wien-Döbling, Karl, mit einer Christin verheiratet, Magistratsbeamter in Wien-Meidlingau. Auch dessen Sohn Max schafft einen beachtlichen Aufstieg, doch selbst für einen mäßig gläubigen Juden wie Ernst Schwarz ist die Berufung von Max zum katholischen Geistlichen wenig erbaulich. Er „endete als Pfarrer in einem Aussenbezirk Wiens", schreibt er in seinen Memoiren. Kurt Schwarz verheiratet sich mit einer Protestantin, Hermine Pflanzner, doch in Innsbruck ist es nicht immer leicht, zum evangelischen Glauben überzutreten. Obwohl seine Frau etliche Jahre im Haushalt des Pastors der Landeshauptstadt, Ludwig Mahnert, arbeitet, verweigert dieser seine Zustimmung für einen Übertritt von Kurt. Mahnert ist engagierter Nationalsozialist, seinem Sohn Klaus steht eine große Karriere bevor, vom Terroristen als zeitweilig ranghöchster SA-Führer Tirols in der Verbotszeit der NSDAP zum Busenfreund des mächtigen Gauleiters Franz Hofer, der ihn zum Gauinspekteur und Kreisleiter in mehreren Kreisen Tirols aufsteigen lässt. Die kleine jüdische Gemeinde von Innsbruck verzeichnet einige Konversionen, vor allem zum protestantischen Glauben, repräsentativer in Glaubensangelegenheiten ist die Schilderung von Ernst Schwarz über seine weit verzweigte Familie: „Richard & Josef scherte[n] sich wenig um die Religion, und Theo im Ausland kam dem Judentum kaum näher. (…) So wuchsen wir in einer katholischen Stadt, in einem noch mehr kathol. Land auf. Und waren nie etwas mehr gewöhnt als an die christl. Feiertage, die wir wie Weihnachten auch gern hatten und die Fronleichnams-Prozession von unseren Fenstern im 4. Stock gern bewunderten."

Die meisten jüdischen Familien begehen die hohen Feiertage, auch den Sabbat. Ansonsten fällt die Religion im Innsbrucker Stadtbild nicht auf, das gesamte religiöse Leben spielt sich im Privaten ab. Sichtbar bürgerlich und unsichtbar jüdisch, so könnte man die religiös liberal gesinnte jüdische Gemeinde in Innsbruck bis 1938 charakterisieren.

* * *

Judengasse, Hausnummer 107, heute Schlossergasse oder Marktgraben 15, seit dem 17. Jahrhundert durchgehend im Eigentum von Juden: Hier treffen sich in der ersten Hälfte des 19. Jahrhunderts die wenigen Juden Innsbrucks, gerade 25 Männer sind es, um ihre religiösen Übungen abzuhalten. Dann, nach 1889, dient eine Räumlichkeit in der Maria-Theresien-Straße 8 als Betsaal und schließlich, spätestens ab 1897, stellt Michael Brüll in der Anichstraße 7 einen Raum zur Verfügung. Die rasche Zunahme der jüdischen Bevölkerung – 1890 leben 153 Menschen mosaischen Glaubens in Innsbruck, 1910 sind es bereits 400 Personen – erfordert eine Gemeindeorganisation, im privaten Rahmen wie bisher lassen sich die religiösen Angelegenheiten nicht länger regeln. Beherzte Männer gründen ein „Directorium-Comité" unter dem Vorsitz von Wilhelm Dannhauser, stellen im Dezember 1891 einen Antrag an die Landesschulbehörde und können am 4. Februar 1892 die Eröffnung einer israelitischen Privatschule für Religionsunterricht feiern. In einem Klassenzimmer der Bürgerschule unterrichtet der Kantor Emil Fränkl aus Hohenems 25 Kinder. Bereits 1890 wird ein „Schul- und Kultuskomitee" ins Leben gerufen, wieder ist Wilhelm Dannhauser die treibende Kraft. Als Obmann arbeitet er auf die Gründung einer eigenen Kultusgemeinde hin und mit 1. Jänner 1914 ist es endlich so weit: Die Israelitische Kultusgemeinde für Nordtirol mit Sitz in Innsbruck nimmt ihre Tätigkeit auf. Obmann ist, wie könnte es anders sein, Wilhelm Dannhauser. Seit dem 17. Jahrhundert war Hohenems Mittelpunkt des jüdischen Lebens von Vorarlberg und Tirol als einzige Israelitische Kultusgemeinde, doch nun ist das Zentrum Innsbruck: Das Rabbinat für Tirol und Vorarlberg wechselt von Hohenems in die Tiroler Landeshauptstadt, in der sich schließlich auch der Hohenemser Rabbiner Dr. Josef Link niederlässt.

Was noch fehlt, ist eine Synagoge. Seit längstens 1910 versammeln sich die Gläubigen in einem Betraum im Stöcklgebäude des Hauses Sillgasse 15, in dem Wilhelm und Berta Dannhauser leben. Es bürgert sich ein, die schlichte Räumlichkeit in diesem schmucklosen Bau als Synagoge zu bezeichnen. Armselig, versteckt im Hinterhof, so beschreiben einige Juden diesen Versammlungsort. Vielleicht ist diese Kritik dem Vergleich mit den vielen katholischen Kirchen geschuldet, die in Innsbruck an jeder Weggabelung stolz auf den Vorübergehenden blicken und barocküberladen den Triumph der Katholizität über die Lutherischen verkünden. Jedenfalls, an den hohen Feiertagen, zu Rosch Ha-Schana, dem Neujahrsfest, einer Zeit des Gedenkens, der Selbstbesinnung und Reue, und zu Jom Kippur, dem Versöhnungstag, reicht der Platz im Stöcklgebäude nicht aus, die Gemeinde muss einen Festsaal anmieten, den Musikvereinssaal. Schon längere Zeit wälzt sie Pläne zum Bau einer eigenen Synagoge, im Oktober 1912 fällt der Entschluss zum Kauf eines Grundstücks in der Gutenbergstraße. Nach dem Ausbruch des Ersten Weltkriegs muss die Verwirklichung des großen Ziels warten, doch sofort nach Kriegsende soll der Bau in Angriff genommen werden. 1917 beantragt Wilhelm Dannhauser die

„Allerhöchste Namensführung" für den geplanten Tempel. „Kaiser-Karl-Huldigungstempel" sollte er heißen. Die Tiroler Jüdinnen und Juden verehren die Monarchie, das Kaiserhaus und insbesondere Kaiser Franz Joseph, nach dessen Tod auch Kaiser Karl, der im Februar 1917 in Innsbruck weilt und eine Abordnung Tiroler Juden trifft. Doch die Verehrung der Habsburger Monarchie kommt der Israelitischen Kultusgemeinde im wahrsten Sinne des Wortes teuer zu stehen. Der Krieg muss finanziert werden, die Bevölkerung ist aufgerufen, Kriegsanleihen zu zeichnen. Und so legt die Kultusgemeinde den Großteil ihres angesammelten Vermögens denn auch in Kriegsanleihen an. 1918 ist es aus und vorbei: der Krieg und der Synagogenbau.

* * *

„20. März 1915. Fast schon ein Jahr Weltkrieg. Walter, mein guter edler Walter schon seit 8. September 1914 tot, im Feld der Ehre gefallen! Ein Kopfschuss! Wie ist mir die Welt seither eigentümlich", notiert Ida Schwarz ins Tagebuch über ihren geliebten Bruder Walter, der als Kaiserjäger-Unterjäger bei Grodek in Ostgalizien, der heutigen Ukraine, fällt.

„Sterbende Krieger, die wilde Klage
Ihrer zerbrochenen Münder.
Doch stille sammelt im Weidengrund
Rotes Gewölk, darin ein zürnender Gott wohnt
Das vergoßne Blut sich, mondne Kühle;
Alle Straßen münden in schwarze Verwesung."

So lauten einige Verse aus dem Gedicht, das Georg Trakl aufgewühlt über das Grauen des Krieges in Grodek schreibt. Doch dies ficht den Patriotismus der Tiroler Juden nicht an. Die Treue zum Kaiser und zum Vaterland bleibt unerschütterlich, eine Ehre ist es, in der k. u. k. Armee zu dienen, die Uniform zu tragen; und wenn es auch das Leben kostet. „Himmelhoch jauchzend waren wir nicht, doch mich trieb es dennoch so bald als möglich dabei zu sein und in der Uniform zu stecken", schreibt Ernst Schwarz über den Kriegsausbruch. Alle sechs Söhne des Victor Schwarz kämpfen an der Front. Bruder Josef ereilt der

Ruf zum 1. Regiment der Tiroler Kaiserjäger. Für Ernst ein „stolzes Regiment" mit erstklassiger Militärkapelle: „Jeder auf solche Dinge wert legende Innsbrucker diente bei den Kaiserjägern." Josef, ausgezeichnet mit der großen Silbernen Tapferkeitsmedaille, kommt als Kaiserjägerkadett und Zugskommandant auf dem Monte Toraro im Etschtal ums Leben, sein Vetter Karl fällt an der Isonzofront. „So waren wir wieder in Innsbruck. Walter und Josef fehlten", schließt Ernst Schwarz seine Kriegserinnerungen, die er Jahrzehnte nach Kriegsende verfasst – voll des Stolzes, dem Land Tirol tapfer gedient zu haben. Die Monarchie erscheint ihm, und auch den meisten anderen Tiroler Jüdinnen und Juden, als gute alte Zeit, in der Kaiser Franz Joseph die lang ersehnte Gleichstellung gewährte, mehr Toleranz herrschte und der Aufstieg errungen wurde.

„Juden sind feige": Dieses weitverbreitete Vorurteil auszuräumen liegt Ernst Schwarz am Herzen. Und so hebt er noch in den 1970er Jahren seine Kriegsauszeichnungen hervor: „Im November 1917 bekam ich das ‚Signum Laudis' mit den Schwertern, im Herbst 1918 das ‚Militärverdienstkreuz mit der Krone und den Schwertern', das ‚Karl Truppenkreuz' und die ‚Tiroler Landesverteidigungsmedaille.'" Jüdische Soldaten machen im Ersten Weltkrieg die Erfahrung der Kameradschaft mit Nichtjuden, sie erleben ein ungewohntes Gefühl von Zugehörigkeit und ein ausgesprochenes Gemeinschaftserlebnis. Über das Begräbnis des Salomon Diamant 1915 in Kitzbühel berichtet die jüdische Zeitschrift Die Wahrheit: „Bei diesem traurigen Anlasse konnten wir die Wahrnehmung machen, daß der Krieg selbst in Kitzbühel, das noch vor einigen Jahren an jüdische Kurgäste keine Auskunft erteilte, nicht spurlos vorübergegangen ist. Vertraut gewordene Anschauungen, die hier zu Lande eine Generation der andern vererbt, tief eingewurzelte Vorurteile, oft aus der Rüstkammer des Mittelalters hervorgeholt, wurden auf ihren Wahrheitsgehalt geprüft und über Bord geworfen. Vor der Majestät des Todes verstummte der Parteien Haß und Hader und selbst das konfessionelle Moment trat hier vollständig zurück. Jung und alt wetteiferten, dem verstorbenen Krieger die letzte Ehre zu erweisen. Außer dem Stadtmagistrate, der mit dem Bürgermeister an der Spitze fast vollzählig erschien, waren alle Vereine der Stadt Kitzbühel ohne Unterschied der Parteistellung durch Abordnungen beim Leichenbegängnisse vertreten."

Ein Kriegerdenkmal im jüdischen Friedhof in Innsbruck, errichtet vom Bund jüdischer Frontkämpfer 1925, erinnert an die jüdischen Soldaten, die im Ersten Weltkrieg ums Leben gekommen sind. Lässt man seinen Blick über das überschaubare Gelände schweifen, fallen 30 Grabsteine auf, die in einer Linie symmetrisch angeordnet sind. Während der letzten beiden Kriegsjahre halten sich in der Innsbrucker Garnison durchschnittlich 200 bis 250 jüdische Soldaten auf, an den übrigen Garnisonsstandorten weitere 250 bis 300 Juden. Fern der Heimat sterben 50 jüdische Soldaten in den Lazaretten Nordtirols, fern der Heimat sind 30 von ihnen neben den sechs Innsbrucker Kriegsopfern am jüdischen Friedhof der Tiroler Landeshauptstadt bestattet, 20 weitere in Kitzbühel, Hochfilzen, Kufstein, St. Johann, Matrei am Brenner, Zell am Ziller und Brixlegg.

* * *

„Ein Akt rohester Gemeinheit wurde dieser Tage dadurch begangen, daß von bisher leider unbekannten Thätern am israelitischen Begräbnißplatze hier sämmtliche Gedenksteine von den Gräbern gerissen wurden. Es wäre wahrhaft an der Zeit, daß solchem empörenden Muthwillen in den Schulen und von der Kanzel herab durch geeignete Belehrung entgegen gewirkt würde." Die Meldung der *Innsbrucker Nachrichten* vom Februar 1861 über die Grabschändung des alten jüdischen Friedhofs am Judenbichl sollte nicht die letzte sein. Schon zwei Jahre später reißen die Judenfeinde abermals Grabsteine heraus. Die Begräbnisstätte aus dem 15. Jahrhundert liegt abgelegen außerhalb des damaligen Stadtgebietes. 1864 wird der letzte Jude am Judenbichl beerdigt, im gleichen Jahr der erste in der jüdischen Abteilung am neu gebauten städtischen Westfriedhof.

Zwar hat die Judenfeindlichkeit in Tirol eine lange Tradition, doch Zuwanderung und wirtschaftlicher Aufstieg einiger jüdischer Familien werden von einem neuartigen Phänomen begleitet: dem Entstehen des modernen Antisemitismus. Kaum ist die traditionelle Grenze zwischen der jüdischen und nichtjüdischen Bevölkerung, markiert durch Religion und Glaubensvorschriften, in den Hintergrund getreten, tut sich eine neue Trennlinie auf. Der Weg der Integration durch Anpassung ist dadurch in Frage gestellt. Diesen Stimmungswandel ab den späten 1880er Jahren zeichnet Martin Achrainer am Beispiel einer herausragenden Persönlichkeit nach. Es gibt kaum eine kommunale Institution in Innsbruck, die in der zweiten Hälfte des 19. Jahrhunderts ihre Tätigkeit aufnimmt und nicht mit dem Namen Wilhelm Dannhauser verbunden ist. Mitbegründer des Innsbrucker Turnvereins, Aufsichtsrat der Innsbrucker Liedertafel, Hauptinitiator der Gründung der Innsbrucker Handelsschule und Handelsakademie sowie einer Höheren Töchterschule, Vertreter der Nordtiroler und Vorarlberger Handelskammern im Staatseisenbahnrat, Spitzenfunktionär in der Nordtiroler Gewerbe- und Handelskammer, Motor für die Gründung des Landesverbandes für Fremdenverkehr in Tirol und Mitglied der ersten Stunde im Trägerverein der Liberalen Partei – die Liste ließe sich beliebig fortsetzen. 1872 ist ein denkwürdiges Jahr: Wilhelm Dannhauser zieht als erster Jude in den Innsbrucker Gemeinderat ein. Und dort wirkt er ein Vierteljahrhundert für die Liberalen; als Leiter der Finanzsektion jahrelang sogar auf einem der wichtigsten Positionen der Stadtpolitik.

Führende Köpfe der Innsbrucker Burschenschaft Suevia sind es, die sich dem neuen politischen Antisemitismus verschreiben und das Programm von Georg Schönerer, dem Vorbild Adolf Hitlers, in Tirol verbreiten.

„Ohne Juda, ohne Rom
wird gebaut Germaniens Dom;
Die Religion ist einerlei
im Blute liegt die Schweinerei": Die Losungen der Deutschnationalen Partei Schönerers begeistern die Studenten und Akademiker der Suevia und in der Folge auch jene der Innsbrucker Burschenschaften Brixia und Germania. Die erste Keimzelle der Deutschnationalen und Antisemiten gewesen zu sein, dieses zweifelhafte Verdienst kann der Burschenschaft Suevia nicht strittig gemacht werden. 1883 greifen zwei Burschenschafter der Suevia als Mitglieder des Innsbrucker Turnvereins Wilhelm Dannhauser frontal an; als Fremdling und Angehöriger einer anderen „Race" bezeichnen sie ihn. Sechs Jahre später weicht Dannhauser dem antisemitischen Trommelfeuer, er verzichtet auf den Vorsitz des Turnvereins. Dabei sind deutsches Nationalbewusstsein und das Motto „Deutsch und treu!" prägende Werte für Liberale vom Schlage Dannhausers – allerdings im Verständnis der Revolution von 1848.

Katholisch-Konservative lehnen den Antisemitismus zunächst ab, jedoch nicht, weil sie die universellen Menschenrechte entdeckt hätten: „Wir katholische Tiroler sind nie politische Freunde der Juden gewesen und können es nie werden; denn das, was uns heilig ist, ist ihnen zum Spotte, und was wir erstreben, steht himmelweit ab von den politischen Idealen der Juden und ihres Anhanges." Die *Neuen Tiroler Stimmen* verhehlen in ihrem programmatischen Leitartikel im Mai 1888 die judenfeindliche Einstellung im katholisch-konservativen Lager keineswegs, ja sie behaupten eine „angeborne Abneigung eines jeden Tirolers" gegenüber den Juden. Im Tirolischen Mundartwörterbuch von 1866 findet sich unter dem Stichwort „jud" unter anderem: „Jud. Benennung eines Betrügers; jüdeln, nach Judenart handeln, betrügen." Die Ablehnung des politischen Antisemitismus liegt in der Verknüpfung des antisemitischen mit dem deutschnationalen Gedankengut begründet, mit dessen radikalem Angriff auf die katholische Kirche, den Kaiser und die Habsburger Monarchie.

Burschenschaften und Deutschnationale, 1891 gründen sie ihre eigene Partei in Tirol, setzen erfolgreich auf den Rassenantisemitismus: als beherrschendes Thema in der öffentliche Debatte und an der Universität. Der Druck auf die Parteien, speziell auf die Liberalen, nimmt zu. Der Liberalismus wankt, erhält eine Schlagseite nach rechts, die aufmüpfige junge Generation höhlt ihn aus. Der Angriff erfolgt auf mehreren Ebenen: Erstens mobilisieren die Antisemiten die Studenten. Die akademischen Freiberufler und Beamten tragen die neue Rassenlehre in die Tiroler Gesellschaft. Zweitens versuchen sie die liberale Partei umzugestalten, die Altliberalen zu schwächen und an den Rand zu drängen. Wo dies nicht gelingt, spalten sie. Und drittens gehen die Jungliberal-Deutschnationalen Zweckbündnisse mit christlich-sozialen Antisemiten ein.

In Wien kandidiert der ehemalige Gefolgsmann Schönerers, Karl Lueger, in Kooperation mit den Deutschnationalen als Spitzenkandidat der Wahlgemeinschaft „Vereinigte Christen" erfolgreich bei Wahlen. Er gründet die Christlichsoziale Partei Österreichs, von 1897 bis 1910 ist er Bürgermeister von Wien. Luegers Wahlvereinigungen in seiner Aufstiegsphase tragen Bezeichnungen wie „Antisemiten und Christlichsoziale" oder nur „Antisemiten". Frühe Christlichsoziale und Deutschnationale präsentieren sich auch in Tirol gemeinsam; mit dem Antisemitismus als vorerst einzigem Programmpunkt treten sie 1889 bei den Gemeinderatsergänzungswahlen in Innsbruck an. Daraufhin schließen auch die Katholisch-Konservativen, die in der Landeshauptstadt den Liberalen nicht das Wasser reichen können, ein Bündnis mit ihnen. Im selben Jahr stehen Landtagswahlen an, der Antisemitismus erreicht einen ersten Höhepunkt, ein vierseitiges Flugblatt titelt „Vorsicht vor Juden!" Im Innsbrucker Mittelstand fasst der Antisemitismus rasch Fuß, speziell in Handel und Gewerbe, wo die Konkurrenz enorm gestiegen ist. Jüdische Kaufleute sind es, die als Träger der Modernisierung auftreten und neue Methoden der Warenbeschaffung, Warenverteilung und Warenpräsentation einführen. Sie ziehen mit der neuen Zeit, wohingegen viele alteingesessene Innsbrucker Händler im Geist der mittelalterlichen Zünfte verharren, Zeter und Mordio gegen die jüdische Konkurrenz schreien, mit Unterstützung und Anfeuerung christlich orientierter Zeitungen zum Boykott der verhassten Judengeschäfte aufrufen und ihr Heil in der Gründung und Unterstützung antisemitischer Parteien und Wahlvereinigungen suchen. In einem Flugblatt des „Christlichen Mittelstandes" anlässlich des Landtagswahlkampfes 1889 heißt es: „Die Einwanderung der Juden nimmt in erschreckender Weise zu, täglich sieht man neue Judengesichter, hauptsächlich Wiener Juden, die nun das ‚gemütliche' Wien, welches endlich zur Besinnung gekommen ist und mit Juden und Judengenossen aufräumt, verlassen und in den Provinzen, die noch nicht ganz abgeweidet sind, sich in nomadenhafter Weise, so lange die Geschäfte gehen, ein schmutziges Heim ergaunern!" In dieser Tonart geht es jahrein, jahraus weiter. 1902 schreibt die *Tiroler Post*: „Die Macht Israels in Innsbruck. Unsere schöne Landeshauptstadt wird von Tag zu Tag knoblauchduftiger. Es ist, als ob das Volk Israels nach einem bestimmten Plane darangienge, aus der Stadt Andreas Hofers ein Jericho zu machen. Zwar ohne viel Fanfaren und Trompetengebläse, aber nur um so sicherer dringen die x- und o-füßigen Wüstensöhne in unsere Stadt. (...) Gewerbetreibende schließt euch zusammen und organisiert euch auf antisemitischer Grundlage, ehe es zu spät ist, sonst werdet ihr vom Judenthum, das euch schon zu verdrängen begonnen hat, erbarmungslos ruiniert!" Und schließlich ruft die Zeitung zu offener Gewalt auf: Die Christen sollten sich daran erinnern, „daß uns die Vorsehung mit kräftigen F – ingern versehen hat."

Zuweilen ist die antisemitische Argumentation an Skurrilität nicht zu überbieten. Von einer Umwandlung Innsbrucks in das „Jerusalem von Tirol" ist ebenso die Rede wie von der Gefahr, dass aufgrund der Werbepraktiken eines jüdischen Kaufmannes die historische Tiroler Nationaltracht durch die kroatische ersetzt werde „und unsere Frauen und Mädchen in kurzer Zeit als Kroatinnen herumlaufen." Im Dezember 1905 macht das *Frankfurter Israelitische Familienblatt* auf Reklamebroschüren des von internationalen Gästen besuchten Wintersportortes Kitzbühel aufmerksam. Sie sind auch für das Ausland bestimmt. Der Kitzbüheler Fremdenverkehrsverein lässt es sich nicht nehmen, auf der Titelseite zu drucken: „Anfragen von Juden bleiben unberücksichtigt." Da mutet der Vorwurf des Pfarrers von Wörgl noch geradezu folkloristisch an, wenn er einer Vermieterin im Jahre 1906 vorwirft: „Z'erst nimmst an Juden, und iatz gar no an Protestanten!"

Wie sehr sich das politische Klima und die Parteienlandschaft innerhalb von etwas mehr als einem Jahrzehnt verändert haben, zeigt ein Blick in das christlichsoziale Parteiprogramm, beschlossen am Innsbrucker Parteitag 1901: „Als den erbittertsten Gegner des Christentums und den gefährlichsten Feind des christlichen Volkes erkennen wir das internationale Judentum, welches im Interesse seiner Vorherrschaft den wirtschaftlichen, religiösen und sittlichen Ruin der christlichen Völker mit allen Mitteln der Korruption betreibt. Wir werden darum dem gemeinschädlichen Einfluß des Judentums auf allen Gebieten des öffentlichen Lebens entgegenarbeiten und seine Herrschaft in Staat und Gesellschaft zu brechen suchen."

Viele antijüdische Äußerungen und judenfeindliche Traditionen vergangener Jahrhunderte tauchen im modernen Rassenantisemitismus auf – und etwas später im Nationalsozialismus. Die neuere Forschung spricht vom Antisemitismus als „kulturellem Code", als mehrdimensionalem Phänomen der Alltagskultur; tief verankert im lokalen Raum variiert er seine Erscheinungsform und durchdringt die Handlungspraxis der Akteure im Wandel der Zeit. Zwischen 1890 und 1910 setzt sich dieser „kulturelle Code" in Tirol durch, ist der moderne Antisemitismus weit in die Gesellschaft vorgedrungen und akzeptiert.

Wilhelm Dannhausers Gesinnungsgemeinschaft, die liberale Partei, hält dem antisemitischen Sturm und der fortwährenden Bedrohung durch die Deutschnationalen nicht stand. Wohl kann sich Dannhauser als Politiker trotz aller Angriffe auf ihn noch jahrelang halten, zu sehr bekannt und geschätzt ist seine Arbeit, untadelig sein Ruf. Und in der Partei kann er auf zahlreiche Verteidiger zählen. Doch schließlich vertreibt ihn die nachkommende Generation der Radau-Antisemiten. Als erster der liberalen Vereine von Innsbruck wechselt der Innsbrucker Turnverein seine Gesinnung. Er verwehrt 1894 Dannhausers jüngstem Sohn Emil die Aufnahme, Wilhelm Dannhauser tritt daraufhin aus dem Turnverein aus und legt seine Ehrenmitgliedschaft nieder. 1896 zwingt ihn ein politischer Kompromiss seiner liberalen Partei mit den Deutschnationalen zum Verzicht auf die Kandidatur für eine weitere Periode. Nach 24 Jahren Tätigkeit im Innsbrucker Gemeinderat fehlt Dannhauser nur noch ein Jahr für die Zuerkennung des Ehrenbürgerrechts. Die liberale Partei fürchtet jedoch die Angriffe der Deutschnationalen in der kommenden Wahlauseinandersetzung. Ein Jude als Ehrenbürger Innsbrucks? Da lässt sie lieber Dannhauser fallen, zumal auch die weitere Annäherung der beiden Parteien nicht gefährdet werden soll. 1897 bilden Deutschnationale und Liberale offiziell einen gemeinsamen Wahlausschuss und legen ihre Zeitungen zusammen. Dannhauser bleibt nichts anderes übrig, als seinen politischen Abschied zu inserieren.

Am 14. August 1925 stirbt Wilhelm Dannhauser im Alter von 87 Jahren. In einem Zeitungsnachruf heißt es, dass ihm seine Verdienste um Innsbruck einen Ehrenplatz in der Geschichte der Stadt sichern werden. Und dieser sieht so aus: Die Nationalsozialisten ermorden Dannhausers Tochter Helene im KZ Theresienstadt, den Schwiegersohn Rudolf in Auschwitz, die Schwiegertochter Hermine und Enkelin Filippine im Vernichtungslager Sobibór.

* * *

Im Herbst 1918 ist der Krieg zu Ende. Der Kaiser muss abdanken, Österreich wird Republik; die ersten freien, demokratischen Wahlen finden statt. Doch die wirtschaftliche und soziale Lage ist trostlos: Tausende Tiroler Männer sind tot oder kehren als Krüppel heim, für die „nervenkranken Kriegsbeschädigten" ist kaum Platz in der Klinik, so viele sind es. Tirol ist ein Land von Invaliden, Witwen und Waisen, die nicht wissen, wie sie über die Runden kommen sollen. Fabriken stehen still, Männer und Frauen suchen Arbeit, meist vergeblich. „Armeleutekrankheiten" breiten sich aus: Tuberkulose und Rachitis, die vor allem bei unterernährten Kindern auftreten. Verzweifelte durchwühlen die Mistkübel nach Essbarem, Kinder schreien vor Hunger, die Menschen frieren und die Spanische Grippe rafft viele dahin, über 1.500 Tirolerinnen und Tiroler, darunter den Bildhauer Ludwig Penz und den Seniorchef des Warenhauses Bauer & Schwarz, Isidor Bauer. Zwischen 25 und 50 Millionen Menschen sollen der Seuche in den Nachkriegsjahren weltweit zum Opfer gefallen sein. „Kaum ein Fünftel der Bewohner der Stadt vermögen sich selbst zu versorgen", berichtet der Gemeindewirtschaftsrat der Stadt Schwaz. In mehreren Bezirksstädten demonstrieren vorwiegend Frauen, Kinder und Jugendliche gegen die Hungersnot, Plünderungen sind an der Tagesordnung. Auch ein jüdisches Geschäft in Innsbruck ist betroffen. Die Besitzer der Marmeladefabrik Schindler werfen Marmeladegläser und Konserven in die Menge der Demonstrierenden, als ein Bursche die Scheiben zu zertrümmern beginnt. Das Bürgertum plagen andere Sorgen: die galoppierende Inflation, welche die Ersparnisse und Barvermögen zunichte macht, und die Wirtschaftsflaute. Viele Betriebe kämpfen ums Überleben, nicht selten ohne Erfolg.

Ein Thema, das alle aufwühlt, ist die erzwungene Abtretung Südtirols an Italien. „Ein Herbsttag ist, die Blätter fallen von den Bäumen. Rot blutet die Buche in diesen deutschen Wäldern. In tiefster Trauer und gramgebeugt stehen wir heute an der Bahre unseres Landes. Zerrissen das Land, haben wir unsere Heimat verloren. (...) Knirschend, in Fesseln und Knechtschaft, müssen wir es mitansehen, wie der schönste Teil unseres Landes, der herrliche deutsche Süden, von seinem Mutterlande abgetrennt wird. Wir sehen die deutschen Städte Meran und Bozen, das Schloß Tirol und selbst die Wiege unseres Volkshelden Andreas Hofer der Grenze nach welsch werden."

Mit solchem und ähnlichem Pathos wie in der Rede des Bürgermeisters von Schwaz im Oktober 1920 beschwören die Tiroler Politiker die verlorene Landeseinheit. Der Verlust Südtirols ist im Empfinden der Tiroler Bevölkerung eine nationale Katastrophe; er ist aber auch eine der Ursachen für die nicht minder katastrophale Ernährungslage. In einem sind sich alle drei im Tiroler Landtag vertretenen Parteien – Christlichsoziale, Sozialdemokraten und Deutschnationale – einig, so kann es nicht mehr weitergehen, „das sind Zustände, die unser Verbleiben im Lande Österreich unmöglich machen, das sind Zustände, die nicht mehr zu ertragen sind. Sie müssen ein Ende nehmen. Wir können nicht warten, bis der letzte Bissen Brot verzehrt ist." In einer Abstimmung am 24. April 1921 fordern 98,5% der Tirolerinnen und Tiroler, die zur Wahl gehen, den Anschluss Tirols an Deutschland. Die Umsetzung scheitert, die internationalen Verpflichtungen Österreichs sind stärker, das Anschlussverbot im Friedensvertrag von St. Germain hält. Auch einzelne Bundesländer können nicht ausscheren.

* * *

„Der Jude ist schuld." In den Jahren nach dem Zusammenbruch der Habsburger Monarchie erreicht der Antisemitismus einen Höhepunkt. Die jüdische Bevölkerung dient als Sündenbock. Siegfried Graubart, der mit den Tiroler Kaiserjägern in den Krieg zieht, beschreibt rückblickend den Kriegsbeginn so: „Unter den Klängen des Radetzky-Marsches und der begeisterten Zurufe der Zurückbleibenden wurden die Eliteregimenter der Alpenländer einwaggoniert, patriotische Reime im Champagnerrausch auf die Waggons gemalt. (...). Wenige Wochen später war die Hälfte auch der jüdischen Jungens unserer Alpenjuden gefallen, die andere Hälfte verwundet oder vermisst. Die Mütter weinten, die Väter trösteten sich mit den Medaillen der verlorenen Söhne und mit den Berichten über ihre Tapferkeit. Die jüdische Ehre war gerettet." Weit gefehlt. Die jüdische Bevölkerung sieht sich mit Kriegsende einer Hetze ohnegleichen ausgesetzt. Juden hätten sich vor dem Militärdienst gedrückt und im Krieg maßlos bereichert, sie seien schuld am Kriegsausbruch und der Niederlage, an der Hungersnot und am politischen Umsturz. Der Vorwurf lautet: Sie sind Großkapitalisten und Kommunisten in einem. Die im Bauernstand und Bürgertum verhasste Sozialdemokratie wird von der Tiroler Presse kurzerhand zur „Judenschutztruppe" ernannt.

Was deutschnationale Burschenschaften wie die Brixia und Suevia oder der Innsbrucker Turnverein bereits vor dem Krieg eingeführt haben, Juden die Mitgliedschaft zu verwehren, setzt sich nun im Vereinswesen zügig fort. Mit der Einführung des „Arierparagraphen" im Alpenverein 1921 haben Jüdinnen und Juden erstmals keinen Zutritt zu einer Massenorganisation. Auch die Studentenvertretung, die Deutsche Studentenschaft Innsbruck, verweigert ihnen eine Mitgliedschaft. Sie organisiert häufig Streiks und Demonstrationen, um ihren Forderungen Nachdruck zu verleihen: Die Zahl der jüdischen Professoren und

Studenten soll beschränkt werden. Doch erstere gibt es kaum und zweitere erreichen nie mehr als einen Anteil von eineinhalb Prozent der Hörer.

Der Antisemitismus ist Normalität, fester Bestandteil des Alltagslebens. Eine Reihe von Gemeinden verwahrt sich dagegen, jüdische Fremdenverkehrsgäste aufzunehmen. Die Gemeindevertretung von Fieberbrunn fasst den einstimmigen Entschluss, Gasthöfe und Vermieter des Ortes aufzufordern, Jüdinnen und Juden abzuweisen. Dass Rinn diese Idee der „arischen Sommerfrische" als eine der ersten Tiroler Gemeinden durchsetzt, erstaunt wenig an einem Ort, der die Ritualmordlegende mit Prozessionen und antijüdischen Passionsspielen wachhält.

Einer der beliebtesten Tiroler Volksschriftsteller, der Reimmichl, verfasst bis zu seinem Tod 1953 unzählige Veröffentlichungen und an die 60 Bücher. Seinen Judenhass verbreitet er in dem in hoher Auflage erscheinenden, überaus populären Reimmichl-Kalender. Kaum ein Haushalt am Land, in dem der Kalender nicht aufliegt. Dort, wo es keine Juden gibt, kann sich die katholisch gesinnte Bevölkerung ein Bild über sie machen; dank des christlichsozialen Politikers und Priesters Sebastian Rieger, der hinter dem Pseudonym Reimmichl steckt. 1925 schreibt er: „Nicht nur dem christlichen Gelde jagt der Jude nach, sondern er unterminiert auch absichtlich und planmäßig Glauben und Sitte, Frieden und Freundschaft, Glück und Ordnung bei den christlichen Völkern. Wo der Jude zukommt, zersetzt und verhetzt er alles. Die Sozialdemokratie ist mit Haut und Haar dem Judentum verschrieben, von dem sie auch geführt wird, und darum reißt sie in echt jüdischem Haß alles nieder, worauf seit zwei Jahrtausenden Wohlfahrt und Glück der Völker begründet waren."

Am 18. August 1919 beantragen Innsbrucker Gemeinderäte der Tiroler Volkspartei, „das Gebiet der Stadt für alle nichtarischen Elemente zu sperren und Übertretungen strengstens zu ahnden". Im Oktober 1919 gründen drei Landtagsabgeordnete den Tiroler Antisemitenbund nach dem Vorbild des – deutlich zurückhaltenderen – Wiener Vereins: der Großdeutsche Sepp Straffner und die beiden Mitglieder der Tiroler Volkspartei, Landesrat Richard Steidle und der Bauernbündler Andreas Thaler, der spätere Landwirtschaftsminister. Die Forderungen des Antisemitenbundes erreichen eine breite Öffentlichkeit, nicht zuletzt mit Hilfe der Presseorgane, die jenen Parteien nahestehen, in denen die drei Politiker beheimatet sind: der großdeutschen *Innsbrucker Nach-*

richten, des christlichsozialen *Allgemeinen Tiroler Anzeigers* und der *Tiroler Bauernzeitung*. Der Bauernbund tritt gleich als Ganzes in den Antisemitenbund ein, ebenso wie die gesamte organisierte Studentenschaft, also deutschnationale und katholische Studenten. Die Veranstaltungen des Antisemitenbundes sind überaus gut besucht, die Resonanz in der Bevölkerung positiv und die Fackelzüge durch die Stadt aufsehenerregend, eine Hetz allemal. Unter der Losung „Tirol den Tirolern" fordert der Antisemitenbund die weitgehende Ausschaltung von Juden aus der Presse, dem Bildungsbereich, der Justiz und der Ärzteschaft, aus dem öffentlichen Dienst, Militär und Gewerbe. Sowie ein Verbot des Erwerbs von Grund, Boden und Immobilien. Wer auch nur einen jüdischen Urgroßelternteil hat, soll als Jude gelten. Im Vergleich dazu sind sogar die Nazis in ihren Nürnberger Rassengesetzen, die sie 16 Jahre später aufstellen, nachsichtiger.

* * *

Die Tiroler Nazis sind ein kleiner zerstrittener Haufen und bis Anfang der 1930er Jahre von vernachlässigbarer Größe. Ihr Beitrag zur Propagierung der Judenfeindlichkeit ist vorerst die Veröffentlichung eines eigenen Judenkatasters mit allen Namen jüdischer Tirolerinnen und Tiroler in der Wochenzeitschrift *Der Nationalsozialist*. Das Hetzblatt erscheint vom Dezember 1922 bis 1926 und veröffentlicht ab der ersten Nummer ein laufend aktualisiertes Verzeichnis jüdischer Firmen und Freiberufler, die boykottiert werden sollen. Ende September 1920 spricht Adolf Hitler im Großen Stadtsaal von Innsbruck. Die sozialdemokratische *Volkszeitung* schüttet Hohn und Spott über den zu diesem Zeitpunkt noch Unbekannten: „Also, das war gestern wirklich eine Massenversammlung. Der große Stadtsaal war voll – von leeren Sesseln. (...) Als Erster sprach ein gewisser Hittler (sic!) aus München, der so etwas wie ein Führer (...) sein soll. (...) Es war für die Nationalsozialisten bezeichnend: Solange der Redner sachlich sprach, herrschte unheimlich eisiges Schweigen, nur hie und da gab jemand durch ein lautes und vernehmliches Gähnen zu verstehen, der ‚hochgeehrte Gast' möge endlich mit dem faden Gesumse aufhören. Der Redner schien dies aber nicht zu verstehen, erst als ein Klaqueur in Intervallen von je zwei Minuten immer wieder ‚Pfui Juden' schrie, begriff er den Stupfer und legte eine neue, mehr hetzige Walze ein. (...) so daß auch die glücklich Schlummernden erschrocken erwachten und ‚Hepp, hepp, Jud, Jud!‘ brüllten. So sachlich der Redner begann, so unheimlich geistlos endete er. Aber das eine muß ihm auch der Neid lassen: Lungenkrank und asthmaleidend ist der gute Mann nicht. Der Überfluß an Lungenkraft kann aber trotzdem das Minus an geistiger Kraft nicht ersetzen.“

In den 1930er Jahren ist die Tiroler NSDAP aber nicht mehr zu unterschätzen. Bei den Gemeinderatsergänzungswahlen in Innsbruck und den Gemeinderatswahlen in Landeck wird sie 1933 stimmenstärkste Partei mit jeweils mehr als 40 Prozent der Stimmen. Vor allem Freiberufler, Studenten, Angestellte, Beamte, Kaufleute, Gewerbetreibende und Handwerker sind es, die sich von der radikalen Partei angezogen fühlen. Und die Jugend, besonders die jungen Männer. Nach der Zerschlagung der Sozialdemokratie durch die Regierung von Engelbert Dollfuß im Februar 1934 wechseln auch viele Arbeiter zur SA. Die Großdeutsche Volkspartei geht in der Nazipartei auf. Nur ein Drittel der NS-Anhängerschaft ist arbeitslos, die meisten stoßen zur Partei in der Hoffnung auf schnellen sozialen Aufstieg, wegen der Verehrung Hitlers und aus Hass auf Juden und Linke. 1933 gehen die Tiroler Nazis zum offenen Terror über, Anschläge und Überfälle häufen sich, auch Menschen kommen zu Schaden. Als die SS im Juli 1934 in Österreich einen Putsch durchführt, erschießt SS-Scharführer Friedrich Wurnig den Kommandanten der städtischen Sicherheitswache von Innsbruck, Franz Hickel. Die Tiroler Heimatwehr, eine faschistische Organisation, die eine Diktatur in einem eigenständigen Österreich anstrebt, nimmt Rache und ermordet den Nationalsozialisten Josef Honomichl. Unter den 269 Toten, den der Naziaufstand in Österreich fordert, befindet sich auch Bundeskanzler Dollfuß. Im Kanzleramt in Wien treffen ihn zwei Schüsse. Ohne medizinische Hilfe verblutet er langsam, priesterlichen Beistand verweigern ihm die nationalsozialistischen Putschisten.

* * *

Bis Anfang der 1930er Jahre überwiegen die positiven Erfahrungen, Tiroler Jüdinnen und Juden sprechen von einem normalen Leben. Die Machtübernahme

Hitlers in Deutschland ist ein Einschnitt im Alltagsleben, in dem die Judenfeindlichkeit in Tirol immer stärker wird. Antisemitische Anpöbelungen von Lehrenden und Studenten stehen in der Universität an der Tagesordnung, breiten sich auch in den Schulen aus und vergiften das Klassenklima. Allerdings machen die jüdischen Kinder unterschiedliche Erfahrungen, je nachdem, welche Schulen sie besuchen und welche Lehrerinnen und Lehrer sie unterrichten. Judenfeindliche Lehrkräfte gibt es in jeder Anstalt, doch sie sind noch in der Minderzahl. Aber selbst im heutigen Akademischen Gymnasium in Innsbruck, damals Hort der konservativ-katholischen Elite, machen sie sich bemerkbar. Der Chemielehrer schlägt Abi Bauer das Mazzebrot aus der Hand. Bauer erinnert sich noch an einen anderen Lehrer und an dessen Worte über Ludwig Mayer, Jude, glühender Österreich-Patriot und Widerstandskämpfer gegen die Nazis: „Er war auch so ein aktiver Offizier an der Kaiserschützenfront, und den haben sie dann in Auschwitz umgebracht, als Belohnung. Professor T. von unserem Gymnasium ist in einem Schlachtfeld in Russland liegengeblieben und Mayer hat ihn aufgelesen. Der T. hat Juden gar nicht mögen und er hat erzählt, dass die Schande seines Lebens ist, dass ihm ein Jude das Leben gerettet hat. Er war ganz ein wilder, aber ein erstklassiger Lehrer. Das Französisch, das ich heute kann, habe ich bei ihm in einem Jahr im Gymnasium gelernt. Aber er war ein bissiger Hund. ‚Sie sind ein frecher Jud, wir sind hier in Innsbruck und nicht in Wien.‘ Dann nach dem Umsturz haben sie den Gymnasialdirektor Mumelter verhaftet, nach Dachau geschickt, und am Bahnhof sind sie Spalier gestanden und da war der Herr T. im Spalier und hat ihn angespuckt.“

Über ihre Erfahrungen im Mädchenrealgymnasium in der Sillgasse erzählt Erika Schwarz: „In der Schule haben wir von Anfang an als Juden gelitten, wir waren benachteiligt, wir waren nicht eingeladen zu Kränzchen und Tänzen und so weiter, wir haben auch Lehrer gehabt, die uns akzeptiert haben, aber der Gesamteindruck war, dass wir eben irgendwie nicht dazugehören, und wir sind sehr bald in eine zionistischen Jugendbewegung, wir haben dann unsere eigene Gesellschaft gehabt.“ Viele jüdische Kinder bleiben mehr unter sich, Freundschaften mit nichtjüdischen Kindern entwickeln sich dennoch. Mit einer Freundin aus ihrer Volksschulzeit, die eine überzeugte Sozialdemokratin wird, steht Erika Schwarz bis zuletzt in vertrautem Kontakt. Sie fliegt von Israel nach Salzburg, um sie kurz vor ihrem Tod noch ein letztes Mal zu sehen.

Die Sozialdemokratische Partei ist die einzige politische Bewegung in Tirol, die, wenngleich nicht frei von verbalen Angriffen auf „jüdische Großkapitalisten", keine antisemitischen Kampagnen fährt und der jüdischen Bevölkerung toleranter gegenübersteht. Die bürgerlichen Parteien gebärden sich rabiat judenfeindlich, religiös und rassistisch motivierter Judenhass fließen ineinander über. So bleibt selbst so erfolgreichen Unternehmern wie Bauer und Schwarz nichts anderes übrig, als links zu wählen.

* * *

Der Patriotismus hält sich in der jüdischen Gemeinde Tirols auch im neuen, kleinen, von vielen so ungeliebten Österreich. Die Religionsaustritte und Ehen mit nichtjüdischen Einheimischen mehren sich, hinzu kommt eine neue Bewegung, die insbesondere unter den jungen Menschen Fuß fasst: der Zionismus.

Zwischen 1918 und 1937 leben zwischen 400 und etwas über 500 Jüdinnen und Juden in Tirol, 90 % von ihnen in Innsbruck. Doch in der Zwischenkriegszeit stockt der Zuzug, Abwanderung, vor allem der Jugend, setzt ein; die Gemeinde wird zusehends älter. Die prekäre Wirtschaftslage setzt den jüdischen Geschäften zu, selbst dem großen Warenhaus. Im Zuge des politischen Umbruchs büßen auch jüdische Kaufleute viel Geld ein, Vermögen geht verloren, nicht selten auch die Mitgift für die Töchter. Die Schulden drücken, Sicherheiten sind in Frage gestellt, die Zukunft ist wieder ungewisser geworden. Die Heiratschancen jüdischer Frauen in Innsbruck sinken. Die Auswahl an jungen Männern ist begrenzt, die Wahrscheinlichkeit, eine „gute Partie" eingehen zu können, gesunken. So zieht es Frauen nach Wien, um dort ihr Glück zu versuchen, sei es in einer eigenständigen beruflichen Existenz, sei es in einer bürgerlichen Ehe. Hedwig Schwarz ist die erste Tochter aus der Großfamilie von Victor Schwarz, dem großen Handelspionier der ersten Stunde in Innsbruck, die sich in Wien verehelicht. Die Heirat ist, durchaus ungewöhnlich, eine Liebesheirat, die jedoch scheitert. Schließlich führt sie ein kleines Geschäft für Damenwäsche. Ihre Schwester Ida Schwarz zieht es nach München, in die Schweiz und ins Südtiroler Langental. Sie arbeitet in einem Kinderspital und in einer Kinderkrippe. Schließlich lässt sie sich in der Bundeshauptstadt nieder und widmet sich dem Kunstgewerbe. Ida Schwarz heiratet in Wien Alfred Heimer, einen Arbeiter. Bald kommen die Zwillinge Hans und Felix zur Welt. Susanne und Regina Schwarz ziehen wie Hedwig und Ida nach Wien. Nach harten Jahren der Selbstständigkeit und der Arbeit in der Firma von Bruder Theodor wandern Susanne 1930 und Regina 1934 nach Palästina aus. Die wirtschaftlich schwierige Lage der jungen jüdischen Generation und das antisemitisch vergiftete Klima lassen viele an Auswanderung denken, die zionistische Idee der Gründung eines eigenen Staates in Palästina, der Heimstätte der Urahnen, findet immer mehr Anhänger und Sympathisantinnen.

Erika Schwarz interessiert sich für den Zionismus aus der Erfahrung ihrer Ausgrenzung in der Tiroler Gesellschaft. Unglücklich sei ihre Kindheit nicht gewesen und sie habe unter dem Antisemitismus auch nicht wirklich gelitten, versichert sie. „Aber wir haben gewusst, dass man uns nicht überall will, und deshalb sind wir auch zum Zionismus gekommen." Erika Schwarz erzählt von zwei zionistischen Jugendorganisationen in Innsbruck, einer rechtsorientierten und einer liberalen, die sie als links bezeichnet. Der Ursprung des liberalen Jugendbundes Blau-Weiß liegt in den jugendbewegten Wandervögeln. Zionistisch gesinnt, gründen Ing. Richard Berger und Flora Schwarz Ende Juli 1918 die Ortsgruppe Innsbruck des „Österreichischen Bundes ‚Blau-Weiß' für jüdisches Jugendwandern", die sich 1925 wieder auflöst. Sie vertreten die gemäßigte, unter Tirols zionistisch Bewegten tonangebende Richtung. 1931 rufen die Geschwister Hugo und Edmund Silberstein, Vertreter der jungen Generation, „Brith Trumpeldor", auch „Betar" genannt, ins Leben. Die Vereinigung, die regen Zulauf erhält, orientiert sich an den Ideen ihres Vorsitzenden, Vladimir Jabotinsky, repräsentiert eine radikale Haltung gegen die britische Militärregierung wie gegen die arabische Bevölkerung in Palästina und versammelt in Innsbruck die älteren Jugendlichen und jüngeren Erwachsenen. Edmund Silberstein bringt es später in Israel bis zum Chef der Geheimpolizei. Ebenfalls um 1931 bildet sich die Gruppe „Maccabi Hatzair", die der 16-jährige Kurt Glaser anführt, da der „Betar" einer ganzen Reihe von Eltern in seiner militaristischen Ausrichtung zu extrem ist. Die Erwachsenen sind mehrheitlich liberal ausgerichtete Zionistinnen und Zionisten.

Erika Schwarz geht mit ihrem Bruder „auf die linke Seite", doch einen Arbeiterzionismus gibt es in Tirol nicht. Als „links" begreift sie den Verein Blau-Weiß, der seine westeuropäische Herkunft betont, die Zugehörigkeit zum Deutschtum und zur deutschen Sprache; er schwelgt in den Vorstellungen eines heroischen Gemeinschaftslebens. Ihre Eltern Magda und Richard Schwarz sind keine Zionisten, erlauben aber, dass die Jugendbewegung sich im Keller der Villa in der Falkstraße 18 einrichtet. Dort treffen sich die Jugendlichen, diskutieren, hören Vorträge, begeistern sich dafür, nach Palästina in einen Kibbuz zu gehen. Erika Schwarz genießt das Zusammensein mit Gleichaltrigen, sportliche Wettkämpfe, die vielen gemeinsamen Ausflüge, die Sommerlager in der Nähe von Wien und gelegentlich sogar am Balaton in Ungarn, wo der Austausch mit anderen Jugendgruppen erfolgt. Konkrete Pläne für eine Auswanderung nach Palästina hat sie nicht. Diese Frage stellt sich ihr erst nach dem großen Judenmorden in Europa.

Die Elterngeneration steht dem Zionismus zurückhaltend gegenüber. Ihre Liebe zu Tirol ist groß, ihre Leidenschaft sind die Berge, nicht die Wüste Negev, Igls, Lans und Meran, nicht Jerusalem. Wer auf eine sichere Existenz blicken kann, dem ist die Vorstellung einer Emigration ins gelobte Land mehr als fremd. Männer wie Ernst Schwarz lehnen den Zionismus sogar strikt ab, auch wenn er weiterhin aus Solidarität finanzielle Beiträge für Auswanderungswillige und den Erwerb von Grund und Boden in Palästina beisteuert. Er weist den Vorwurf zurück, dass assimilierte Juden ein falsches Bewusstsein hätten, dass ein richtiger Jude nur in Palästina, in einem eigenen, noch zu gründenden Staat leben könne. Er möchte lieber als integrierter und gleichberechtigter jüdischer Tiroler dem Antisemitismus „die Zähne zeigen" und kämpfen, in seiner Heimatstadt Innsbruck, mit dem Kopf und mit den Fäusten. Im liberalen Sportklub Hakoah – berühmt für seine erfolgreichen Fußballer, Schwimmer und Ringer, 1925 wird Hakoah Wien erster österreichischer Fußballmeister – findet Ernst Schwarz „als Führer der männlichen Jugend" sein Betätigungsfeld. 1920 gründet er gemeinsam mit Heinrich Diamant den „Jüdischen Sportklub Innsbruck", zwei Jahre später erfolgt die Namenserweiterung Hakoah. Hier kann er seinem Bekenntnis Ausdruck verleihen, „zur unpolitischen Entfaltung jugendlicher Kraft und Freude am Sport, am Bergsteigen und am Schilaufen zum Wohle einer körperlichen Verfassung, die Selbstverteidigung erzielen soll. Jüdischer Nationalismus oder Zionismus war nicht unsere Sache. Die blieb den politischen Vereinigungen überlassen. Mir war es um Sicherheit im

Auftreten und Selbstvertrauen zu tun und Antisemitismus mit Zurückhauen zu erwidern."

Die Mitglieder erhalten einen Waffenpass, kaufen sich Pistolen, bekommen auch Karabiner. Geschossen wird auf den Schießstätten am Bergisel. Zweimal in der Woche jeweils zwei Stunden turnen die Jugendlichen unter Anleitung eines Vizeleutnants des österreichischen Bundesheeres im Turnsaal der Gilmschule, „sehr fest und mit aller Härte", vergisst Ernst Schwarz nicht zu erwähnen und fährt fort: „Sonntags Schitouren im Winter, im Sommer Bergtouren, alle unter meiner Führung und 2 mal in der Woche Leichtathletik am Tivoli Sportplatz, zur Vorbereitung für das Sportabzeichen und Wettkampf gegen die anderen Klubs."

Gesund, abgehärtet und körperlich robust zu sein, ist eine angestrebte Tugend in vielen jüdischen Familien Innsbrucks. Gesundheit wird schon vor der Jahrhundertwende in der Tiroler Gesellschaft mit Patriotismus gleichgesetzt, einer Norm, der die männliche jüdische Jugend als ebenso starke und durchtrainierte „Deutsche" nachzueifern trachtet. In der Zwischenkriegszeit erhält die körperliche Ertüchtigung eine Stoßrichtung hin zu einem wehrhaften Judentum, sie ist teilweise auch Ausdruck zionistischer Bemühungen, selbst in der Hakoah. Denn die überzeugten Zionistinnen und Zionisten wie Richard Berger und Josef Adler gewinnen an Stärke, auch in Tirol. Das zionistische Engagement belastet das Klima in zahlreichen Familien. Simon Graubart hatte sich als Zuwanderer in Innsbruck geschäftlich durchgesetzt und weitgehend an sein katholisches Umfeld angepasst. Davon zeugen schon die Vornamen seiner Söhne Alfred und Richard Graubart. Sie gehen eine so genannte Mischehe ein und nichts liegt ihnen ferner als der Gedanke an eine Übersiedlung nach Palästina. Bruder Siegfried hingegen verabscheut die Assimilation, hilft beim Aufbau der 1920 gegründeten „Zionistischen Ortsgruppe Innsbruck" und unterhält nach seiner Übersiedlung nach Wien Verbindung zu führenden Köpfen der Bewegung, auch zu Vladimir Jabotinsky. Wiederholt reist Siegfried Graubart nach Innsbruck, um zu werben und zu organisieren. Bis 1938 wagen immerhin acht Frauen und elf Männer der kleinen jüdischen Gemeinde den Sprung nach Palästina, die meisten von ihnen im Zuge der Weltwirtschaftskrise und des Aufstiegs des Nationalsozialismus. „Ehrlich gesagt, ich glaube nicht sehr, dass viele von uns ausgewandert wären, hätte es in Tirol keinen Antisemitismus gegeben. (...) Die Innsbrucker jüdische Jugend war nicht religiös erzogen, rituelles Essen und Leben war ihr fremd. Die Umwelt aber hatte uns – und das nicht auf die feinste und angenehmste Art – beigebracht, dass wir ‚anders‘, dass wir unerwünscht und fremd seien. Wir zogen daraus, bereits lange vor 1938, die Lehre, dass unsere Zukunft nicht in Tirol liegt“, meint Hugo Silberstein (Gad Hugo Sella), Pionier der zionistischen Jugend in Innsbruck.

„Mein Vater war ein alter Zionist – meine Mutter auch“, betont Peter Gewitsch. Sein Großvater, ein gebürtiger Wiener, ist ein persönlicher Freund von Theodor Herzl und wandert bereits 1934 nach Haifa aus. Mit großem Amusement erzählt er eine Anekdote: „Einmal wurde meine Mutter zum Lehrer gerufen und da hat der Lehrer gefragt: ‚Immer wenn ich über Österreich erzähle und sage, dass die Bäume im Wienerwald jetzt so schön blühen, dann steht Ihr Sohn auf und sagt, dass die Bäume in Palästina viel schöner blühen. Immer wieder Palästina im Vergleich zu Österreich. Was hat er denn mit Palästina zu tun?‘ Darauf sagt meine Mutter: ‚Seine Großeltern leben dort. Wir sind alte Zionisten und eines Tages, wenn er maturiert hat, dann werden wir auch nach Palästina gehen.‘“

Allerdings, die zionistische Einstellung ist die eine Sache, der Entschluss, tatsächlich auszuwandern, eine andere – selbst in einer so überzeugten zionistischen Familie wie jener von Peter Gewitsch. Ohne die Verfolgung durch das nationalsozialistische Regime ist es schwer vorstellbar, dass seine Eltern wirklich Wien verlassen hätten. Robert, Helene und Peter Gewitsch sind tief verwurzelt in der österreichischen Kultur und österreichischen Landschaft. Israel wird den Eltern nicht wirklich zur Heimat. Jahre nach dem Krieg kehren sie nach Österreich zurück, in die Heimatstadt der Mutter, um wieder dort zu wohnen, wo ihr Vater Michael Brüll die Möbelfabrik gegründet hatte, in die Anichstraße 7 in Innsbruck. Von 1966 bis 1975 übernimmt Robert Gewitsch die Leitung der Israelitischen Kultusgemeinde für Tirol und Vorarlberg.

* * *

„Ich sah lauter zum ‚Heil Hitler‘ verkrampfte Viehfressen, lauter österreichische Antlitze. Die Schadenfreude, die Sucht nach Erwerb ohne Anstrengung sowie eine perfide Sinnlichkeit, die nur im Bruch des Rechts, in der Erniedrigung des Höheren, im In-den-Dreck-Zerren des Reinen, Zerfleischen des Besseren, Ausbluten des Edleren ihre gemeine Genugtuung finden kann, waren das Vergnügen, das diese mit Reversseiten verwechselbaren Vorderansichten dauernd zum Ausdruck brachten, wie im Lachkabinett ausgezogene, erlustigte, nunmehr nur noch belustigende Blößen menschlichen Fleisches, im Starrkrampf des Lachens ob fremder Not für immer festgehalten." So schildert Albert Drach in seinem Roman „Unsentimentale Reise" die Tage des kollektiven Taumels nach der Machtübernahme der Nazis in seiner Geburtsstadt Mödling. In Innsbruck spielen sich ähnliche Szenen ab.

Waren die Jüdinnen und Juden Tirols vor 1938 längst nicht mehr wohlgelitten, so waren sie doch eine rechtlich abgesicherte Minderheit und konnten sich gegen den verbalen Unrat der Judenhasser wehren: mit Leserbriefen, Anzeigen, gerichtlichen Schritten, wirtschaftlichen Maßnahmen und, wenn es sein musste, mit Fäusten. Doch nun sind sie über Nacht vogelfrei. Vom 11. auf den 12. März 1938 besetzt die SA die Tiroler Grenzen und verhindert die Ausreise von Jüdinnen und Juden. Um neun Uhr in der Früh erreichen deutsche Truppen Innsbruck, das bereits in ein Meer von Hakenkreuz-Fahnen getaucht ist. Zu Tausenden säumen die Menschen die Straßen und jubeln ihren vermeintlichen Befreiern zu. Die Siegesfeiern ziehen sich bis in die Nachtstunden. Grölende Männer und Frauen erheben triumphierend ihren Arm zum Hitler-Gruß; Plätze, Gassen, Wege, Durchgänge und Passagen quellen über von Uniformierten, erwecken den Eindruck, als ob ganz Innsbruck auf den Beinen wäre, in alpenländischer Ausgelassenheit, angetrunken. Ein widerlicher Anblick sei es gewesen, so Hugo Silberstein, der dem Treiben vom Fenster seiner Wohnung zusieht.

Ein Prozess der Diskriminierung, Ausgrenzung und Entrechtung setzt ein, eine Flut an Anordnungen, Erlässen und Gesetzen macht der jüdischen Bevölkerung das Leben unerträglich: Ausschluss aus dem Automobilklub Tirol. Ausschluss aus den Sport- und Spielvereinen. Ausschluss aus den Schulen. Ausschluss aus den Universitäten. Ausschluss aus den Bibliotheken. Ausschluss aus den Theatern, Kinos, Konzertsälen und Sportveranstaltungen. Ausschluss aus der Wehrmacht. Ausschluss aus dem öffentlichen Dienst. Ausschluss aus den freien Berufen. Ausschluss von der Teilnahme an der „Volksabstimmung" am 10. April 1938. Ausschluss von den Bürgerrechten. Verbot, Trachten zu tragen. Verbot, Auto zu fahren. Verbot, zu bestimmten Zeiten die Wohnung zu verlassen. Verbot, mit arischen Partnerinnen und Partnern außereheliche Beziehungen zu unterhalten oder sie zu heiraten. Gebot, die Reisepässe abzugeben. Gebot, eine mit „J" gekennzeichnete „Judenkennkarte" bei sich zu führen. Gebot, den Zusatz-Vornamen „Israel" oder „Sara" in den Identitätsausweis einzutragen.

Die Selbstmorde häufen sich. Universitätsprofessor Gustav Bayer, langjähriger Leiter des Instituts für Experimentelle Pathologie, Halbjude in der Diktion der Nazis, nimmt sich mit seiner 17-jährigen Tochter Helga das Leben. In seinem Abschiedsbrief an einen Freund schreibt er: „Lebe wohl u[nd] glücklich, so glücklich wie ich, dank meiner Gemütsart, gelebt. Stirb, wenn es sein soll, so leicht u[nd] freudig wie ich!"

Ernst David Haber berichtet, welch dramatische Szenen sich in den Tagen nach der NS-Machtübernahme in Innsbruck abspielten. Die Nachricht vom Tod Rosa Goldenbergs, der jüdischen Nachbarin, erschüttert den damals Zehnjährigen: „Während sie beim Frühstück saßen, sagte sie zu ihrem Mann und ihrem Sohn Freddy, sie ginge nur schnell hinunter, Brot holen; doch anstatt hinunterzugehen, ging sie ins oberste Stockwerk und sprang von dort auf die Straße. Man rief ein Rettungsauto, aber es war zu spät. Sie war tot. (...) Ich zitterte, ohne zu wissen warum. Mir war, als sei plötzlich meine Mutter tot, und ich hatte Angst, auch sie könnte zu uns sagen, sie ginge nur Brot holen und spränge dann vom vierten Stock hinunter."

Im März 1938 notiert Ernst Schwarz in sein Tagebuch: „Die Hunde schauen mich auf der Straße genau so an wie früher. Nur den Menschen blieb es vorbehalten, sich darin zu ändern." Im Mai setzt er fort: „Nie in meinem Leben habe ich so viel elende Charaktere gesehen und erlebt, wie in den Tagen, da es im Jahre 1938 Frühling wurde! Fremd der Himmel, fremd die Berge, die einem gleichen! (...) Gestern, da grüßten sie mich, heute schauen sie weg oder tun, als würde man sie nie gekannt haben, heute bin ich der Jude und sie – die Schweinehunde."

Auf einem Ansuchen jüdischer Eltern um Schulbefreiung ihres Kindes notiert ein Sachbearbeiter des Innsbrucker Stadtschulrates mit Genugtuung: „Endlich beginnt sich das Judenpack zu verziehen." Einsamkeit und soziale Isolierung bestimmen das Leben der jüdischen Bevölkerung von Tirol, die Kinder leiden schwer darunter, begreifen nicht recht, warum Freundinnen und Freunde nicht mehr mit ihnen reden und sie nunmehr alleine spielen müssen. „Sie verschwanden dann bald, und keiner wußte wohin." So erinnern sich ehemalige Schulkameradinnen und Schulkollegen an ihre jüdischen Mitschülerinnen und Mitschüler Jahrzehnte nach dem Krieg.

* * *

Ein halbes Jahr nach der NS-Machtübernahme hat bereits rund ein Drittel der jüdischen Bevölkerung Tirol verlassen. Doch die erzwungene Auswanderung geht der Gestapo nicht schnell genug. Im September 1938 kommt ein Fachmann nach Innsbruck. Er ist Experte für die Organisation des wohlgeordneten Raubzuges, für die Vertreibung der Wehrlosen und später für die Züge des Todes: SS-Obersturmführer Adolf Eichmann, Leiter der „Zentralstelle für jüdische Auswanderung" in Wien. Er sieht nach dem Rechten, erteilt scharfe Anordnungen und gibt akkurate Anweisungen, wie der Druck erhöht werden kann. Eichmann zitiert zahlreiche Jüdinnen und Juden in die Bienerstraße 8, Sitz der Gestapo in Innsbruck, und stellt ihnen ein Ultimatum. Binnen weniger Tage und Wochen haben sie zu verschwinden. Kaum ist Eichmann nach Wien zurückgekehrt, verleiht die Gestapo ihrem Willen Nachdruck: 40 Frauen und Männer haben sich abermals bei ihr einzufinden, um sich demütigen und verhöhnen zu lassen. Die Männer müssen Stunden lang stramm stehen, SS-Leute verpassen ihnen Fußtritte und Faustschläge. Gestapochef Werner Hilliges und Arisierungskommissar Hermann Duxneuner ergötzen sich an dem Schauspiel. Die jüdische Bevölkerung soll nicht nur so schnell wie möglich abhauen. Wer über Besitz verfügt, soll ihn verkaufen, und zwar an jene Günstlinge der Nazi-Partei, die ihnen Duxneuner nennt. Im Falle einer Weigerung drohen der Gestapochef und der Arisierungskommissar mit der Einlieferung in ein Konzentrationslager.

„Wir haben die Hebräer in der Ostmark nach dem Anschluß wahrhaftig mit Glacéhandschuhen behandelt. Es ist ihnen kein Haar gekrümmt worden und daß wir darangingen, mit durchaus legalen Mitteln unsere Geschäftswelt von diesem Parasitentum zu reinigen, ist nun wirklich nur unser gutes Recht der Selbsterhaltung gewesen. (...) Auch wir in Tirol haben noch allerhand Juden, und wir Tiroler lassen uns bekanntlich allerhand gefallen, ehe wir richtig zuschlagen. Aber wenn, dann richtig. Tiroler Fäuste haben nichts an Kraft verloren, und wer in der Geschichte einigermaßen Bescheid weiß, der wird diese Drohung verstehen." Diesen Kommentar von Hauptschriftleiter Ernst Kainrath – er arbeitet nach 1945 als Redakteur der *Tiroler Tageszeitung* – können die Tirolerinnen und Tiroler am Morgen des 10. November 1938 in den *Innsbrucker Nachrichten* lesen. Was war geschehen?

Am 9. November erliegt der deutsche Diplomat Ernst vom Rath in Paris einem Schuss-Attentat des 17-jährigen Juden Herschel Grynszpan. Hitler und die Spitzen von Staat und Partei gedenken gerade in München ihres gescheiterten Putsches von 1923, als sie diese Nachricht ereilt. Der Tod des Diplomaten liefert den willkommenen Anlass zu einem groß angelegten Schlag gegen die jüdische Bevölkerung im gesamten Deutschen Reich. Propagandaminister Joseph Goebbels erteilt entsprechende Anweisungen. Morde, Massenverhaftungen und Übergriffe gegen jüdische Einrichtungen und Eigentum sind die Folge.

Gauleiter Franz Hofer kehrt von den Parteifeierlichkeiten in München am 10. November 1938 um ein Uhr in der Früh nach Tirol zurück. Auch in Innsbruck müsse sich „die kochende Volksseele" gegen die jüdische Bevölkerung erheben, gibt er den Führern von Gestapo, Sicherheitspolizei, Sicherheitsdienst, SS und SA bekannt und erteilt den Mordbefehl. Dann werden Kommandos aus SS, SA und NSKK (Nationalsozialistischer Kraftfahrkorps) in Zivilkleidung zusammengestellt, Personenverzeichnisse ausgeteilt und Anweisungen gegeben, welche jüdischen Haushalte zu überfallen und welche jüdischen Männer „auf möglichst geräuschlose Art umzulegen" sind. Keine jüdische Familie soll ungeschoren davonkommen. Die zu Ermordenden sind mit Bedacht ausgesucht: angesehene Männer der jüdischen Gemeinde und erfolgreiche Kaufleute.

SS-Hauptsturmführer Hans Aichinger eilt mit seinen SS-Männern in Zivilkleidung in die Gänsbacherstraße 5, wo Edith und Wilhelm Bauer im Parterre, Richard und Margarethe Graubart mit ihrer kleinen Tochter Vera im ersten Stock wohnen. Sie steigen über den Zaun in den Garten, läuten und schreien: „Gestapo. Sofort aufmachen, Hausdurchsuchung!" Aichinger teilt die Mordgruppe, der erste Trupp reißt Wilhelm Bauer, Mitbesitzer der Manufakturwarenhandlung in der Brixner Straße 2 und Herzog-Friedrich-Straße 7, aus dem Schlaf. Nur notdürftig bekleidet öffnet er die Tür, wird in den Gang gezerrt und von den SS-Männern mit Pistolenhieben traktiert. Ein SS-Mann hält Edith Bauer im Schlafzimmer fest, währenddessen stechen die anderen auf ihren Ehemann ein. Als sie ihren Mann schreien hört, entwindet sie sich dem SS-Schergen und stürzt zu Wilhelm Bauer. Er ist noch bei Bewusstsein, bittet um einen Arzt; seine Ehefrau läuft zum Telefon, der SS-Mann hinterher. Mit letzter Kraft beschwört ihn Wilhelm Bauer: „Sie wollen doch einer Frau nichts tun." Der SS-ler begnügt sich damit, das Telefonkabel aus der Wand zu reißen, dann macht er sich mit einem Sprung aus dem Fenster davon. Im ersten Stock des Hauses findet Margarethe Graubart ihren Ehemann Richard, Miteigentümer des bekannten Schuhhauses, in einer Blutlache tot liegen. Eine breit klaffende Wunde unterhalb des Schulterblattes zeugt von einem Dolchstoß in den Rücken. Der alarmierte Hausarzt taucht erst nach einer Stunde in Begleitung von Rettungsmännern auf. Wilhelm Bauer gibt noch Lebenszeichen von sich, aber er stirbt auf dem Transport in die Klinik. Sein Cousin Abi Bauer stellt fest: „Wilhelm Bauer hat zu lange gewartet, er wollte sein Geschäft abwickeln, ordnungsgemäß. Dann haben sie ihn ordnungsgemäß erstochen."

Die Morde, insgesamt vier, sind der negative Höhepunkt dieser Nacht des Judenschlagens, welche die Nazis Reichskristallnacht nennen. Die Wissenschaft spricht vom Novemberpogrom. Die Roll-Kommandos dringen in die Wohnungen von mindestens 25 Familien in Innsbruck ein, schlagen die Männer, vielfach auch die Frauen, fügen ihnen schwere Verletzungen zu, plündern zwei noch nicht arisierte jüdische Geschäfte und lassen ein Bild der Verwüstung zurück. Die „germanischen Helden" traktieren ihre Opfer mit Füßen, Fäusten und Bierflaschen, werfen ein altes Ehepaar, Julius und Laura Popper, in die Sill und die 98-jährige Berta Dannhauser, Ehefrau von Wilhelm Dannhauser, die Stufen hinunter. Hitler-Jungen demolieren den Betraum der jüdischen Gemeinde in der Sillgasse. „Falls Juden bei dieser Aktion keinen Schaden erlitten haben, dürfte dies darauf zurückzuführen sein, daß sie übersehen wurden", stellt ein Bericht des Tiroler Sicherheitsdienstes der SS fest.

* * *

Das Morden hat eine praktische Seite für kleine und große Tiroler Nazis, der Weg ist frei für den legalen Diebstahl. Gauleiter Franz Hofer schnappt sich die Villa von Hugo Schindler am Rennweg 10, die SS die Villa in der Gänsbacherstraße 4, dessen Besitzer Karl Bauer den Überfall der Nazis nur mit viel Glück schwer verletzt überlebt, seine Peiniger halten ihn für tot. In die Wohnungen der Ermordeten in der Gänsbacherstraße 5 können sich Edmund Christoph, der Bürgermeister von Innsbruck, und der Generaldirektor der Stadtwerke Innsbruck, Gauhauptstellenleiter Otto Wurmhöringer, einnisten. In der Innsbrucker Kaufmannschaft, unter den Gewerbetreibenden und den Parteimitgliedern tobt der Kampf um die Beute der wenigen vermögenden Tiroler Jüdinnen und Juden. Die Nachfrage kann nicht befriedigt werden. Die Gier nach fremdem Besitz ist groß, die Zahl der Bereicherungswilligen noch größer. Doch es sind nicht genügend Grundstücke, Häuser, Geschäfte und Kunstwerke aus jüdischem Vermögen greifbar. Viele jüdische Geschäfte erhalten keinen neuen Besitzer, sie werden aufgelassen, die wirtschaftliche Substanz ist einfach zu schlecht. Umso mehr nützt der Gauleiter die Entjudung, wie es damals heißt, zur Bereicherung seiner Person, der Partei und der ihm nahestehenden Lakaien. Er ist die zentrale Figur des organisierten Raubzuges und bestimmt, wer mit jüdischem Besitz versorgt wird. Ohne seine Zustimmung geht gar nichts. Profiteure zahlen hohe Beträge als Parteispende ein oder lassen die Kassa eines Fonds für wohltätige Zwecke klingeln, der Hofer untersteht. Der Gauleiter bricht nationalsozialistische Gesetze, lässt zugunsten seines Klientels alle nur erdenklichen Druckmittel anwenden, selbst „arische Volksgenossen" und Parteigänger übervorteilt er, wenn es nicht nach seinem Kopf geht. Nur wer über gute Bekanntschaften, Seilschaften und Verbindungen verfügt, gelangt an die Futtertröge. Die an einer Hand abzählbaren jüdischen Großunternehmen in Handel und Industrie wechseln in reichsdeutsche Hand: das Kaufhaus Bauer & Schwarz in Innsbruck, die Jenbacher Werke, das Metallwerk Plansee in Reutte, die Zellulosefabrik in Wörgl und darüber hinaus die teils in jüdischem Besitz stehende Continentale mit Karbidwerken in Landeck und Matrei am Brenner.

Schon in der ersten Zeit nach der Machtübernahme der Nazis bereichern sich Beschlagnahmungskommandos von Parteiformationen so schamlos, dass es selbst dem Leiter des Judenreferats der Gestapo zu viel wird. Die Enteignungen sollen schließlich geordnet und planvoll vor sich gehen.

In den Zeitungen erscheinen laufend Inserate, die darüber informieren, wer sich welches Geschäft billig ergaunern konnte. „Wäschehaus Pini Stössinger, Innsbruck, Erlerstraße 4" entjudet, gibt Maria Graf bekannt. Der Blutordensträger Franz Hiebl annonciert die Arisierung des Café Schindler in der Maria-Theresien-Straße: „Für das Tanzcafé habe ich die ausgezeichnete und bekannte Kapelle Dolf Bokler verpflichtet, die anlässlich des Mussolini-Besuches in München im Haus der Deutschen Kunst vor dem Führer und dem Duce die Ehre zu spielen hatte."

Gut situierte Bürger und Emporkömmlinge erstehen Häuser und Wohnungen, Kaufleute und Händler frohlocken über den Wegfall jüdischer Konkurrenz. Das Geschäft der Rechtsanwälte und Notare, größtenteils Burschenschafter, Deutschnationale, illegale oder spätberufene Nazis, blüht. Unsummen an Honoraren streifen sie als kommissarische Leiter jüdischer Geschäfte ein, aber auch für die Abwicklung von Konkursen und Arisierungen. Nach 1945 noch einmal, nun geht es um die Frage der Rückstellung des geraubten Gutes. Und so mancher rechtmäßige Besitzer ist gut beraten, sich einen Anwalt zu nehmen, der 1938 die Entjudung eines Geschäftes oder einer Immobilie besorgte, schließlich verfügen wenige über ein derartiges Wissen, wie die ehemaligen Rechtsberater der Ariseure jüdischen Vermögens.

„Sämtliche Judengeschäfte – ohne Ausnahme – sind als jüdisch gekennzeichnet. In jedem Schaufenster prangt groß ein gelbes Schild Jüdisches Geschäft", berichtet das antisemitische Hetzblatt Der Stürmer im Juli 1938 und lobt die Tiroler, dass sie in wenigen Wochen geschafft hätten, was in vielen deutschen Städten immer noch nicht erreicht wurde: „Und was taten die Tiroler? Sie machten ganze Arbeit. Und das Volk dankt es ihnen." Ein differenzierteres Bild von der Realität vermitteln die Gesellschafter des Warenhauses Bauer & Schwarz: „Zuerst begann man mit der ständigen Aufstellung von Posten vor dem Geschäftseingang, die von halbwüchsigen Burschen bestritten wurden und die alle Kunden abhielten, unser Geschäft zu betreten. Wir wurden gezwungen, in sämtliche Schaufenster Plakate in grosser Aufmachung anzubringen, die die Aufschrift ‚Jüdisches Geschäft' trugen. Diese Posten beschimpften sogar dennoch eintretende Kunden und es gab Tätlichkeiten. Eines Tages marschierte eine Abteilung von SA-Leuten vor unserem Geschäfte auf und nahm nun parallel zur Hausfront Stellung. Dann schrieen sie im Chor: ‚Wer beim Juden kauft, ist ein Volksverräter!' und ,Nur ein Arierschwein kauft beim Juden ein!' Dann traten einige aus der Abteilung heraus und beschmierten sämtliche Schaufenster in metergrossen Lettern mit weissem Ätzkalk mit der Inschrift ,Jude'."

Die Methoden der so genannten Entjudung bekommt auch Alois Hermann zu verspüren. Hermann weigert sich, sein Großhandelsunternehmen – er erzeugt und vertreibt in der Leopoldstraße 28 Liköre, Brannt-, Wermut- und Süßweine, Weinessig, Essigessenzen, Fruchtsäfte und Tee – samt Wohnhaus, Stöcklgebäude und Schnapsbrennerei zu einem Spottpreis zu verkaufen. Die Machthaber zwingen Hermann, mit seiner Frau Wilhelmine nach Wien zu übersiedeln. Seine verheirateten Töchter Margarethe Graubart und Elisabeth Kirchlechner, aber auch sein Sohn Richard und seine Enkelin Vera Graubart können ins Ausland fliehen. In Wien unterschreibt Hermann unter Androhung der Deportation in den Osten einen bereits aufgesetzten Verkaufsvertrag, der ihm vorgelegt wird. Die Unterzeichnung des Vertrags gewährt dem Ehepaar nur einen zeitlichen Aufschub. Ende Oktober transportieren die NS-Schergen Alois und Wilhelmine Hermann nach Łódź (Litzmannstadt), wo ein jüdisches Ghetto eingerichtet ist und Zwangsarbeit geleistet werden muss. Das betagte Ehepaar hat keine Überlebenschance. Verbraucht und am Ende ihrer Kräfte verfrachten die Nationalsozialisten die beiden alten Menschen schließlich ins Vernichtungslager Chełmno (Kulmhof). Dort werden die Verschleppten in Last-wagen vergast. Alois Hermann kommt einen Tag vor seinem 76. Geburtstag ums Leben, seine 65-jährige Frau kurze Zeit vor ihm. Am 22. Juni 1942 geht eine Karte an die Wiener Anschrift von Alois und Wilhelmine Hermann ab: „Liebste Eltern! Wir sind so besorgt, bitte gebt baldmöglichst Nachricht und Adresse. Uns vieren geht es sehr gut. Else, Richard, Grete, Vera."

Auch Egon Dubsky führt eine Essig-, Sprit- und Likörfabrik, Branntwein-brennerei, Obstverwaltungsindustrie, in der Heiliggeiststraße 2. Zwei weitere Immobilien gehören ihm, die Häuser Seilergasse 7 und Eckhaus Defregger-straße 26/Pradler Straße 40. Da er mit einer Arierin verheiratet ist, zieht sich der Raub seines Geschäftes lange hin. Die Brüder seiner Frau Luise gehören der SS an, doch der Gauleiter macht die Eigentumsübertragung, die bereits in der Zeitung annonciert wurde, wieder rückgängig. Er hat jemand anderen im Auge, der in den Genuss des jüdischen Besitzes kommen soll. Während des laufenden Verfahrens wird Egon Dubsky 1939 in die Heil- und Pflegeanstalt Hall eingeliefert, er muss den Judenstern tragen. Das Ehepaar Dubsky beugt sich schließlich der Androhung der Verschickung Egons nach Polen. Doch mit der Unterschrift unter dem Verkaufsvertrag ist auch sein Todesurteil gefällt. Bald darauf, im Frühjahr 1943, befiehlt Gestapochef Werner Hilliges nach Anordnung von Gauleiter Hofer die Verhaftung von 14 Jüdinnen und Juden, mehrheitlich ältere jüdische Frauen, die mit arischen EhepartnerInnen verheiratet sind. Seine Untergebenen weist er an, dem Reichssicherheitshauptamt in Berlin Haftanträge mit Begründungen wie „ärgerniserregendes Verhalten und Empörung der arischen Hausbewohner" zu schicken. Die meisten der Verhafteten kommen in das Arbeitserziehungslager Reichenau bei Innsbruck. Auch Egon Dubsky ist darunter. Da zeichnet sich ein kleiner Hoffnungsschimmer ab. Die Überstellung der mit arischen Männern und Frauen verheirateten Jüdinnen und Juden kommt in der Bevölkerung gar nicht gut an. Der Sicherheitsdienst der SS meldet im Mai 1943: „Wie schon berichtet, hat die durchgeführte Judenaktion bei vielen Volksgenossen Mißstimmung hervorgerufen und wird in manchen Fällen die Art des Vorgehens nicht verstanden. In Arbeiterkreisen werde davon gesprochen, daß diese Maßnahmen geradezu sowjetisch seien, denn man könne doch eine Frau, die jahrelang mit ihren Kindern und ihrem Mann zusammengelebt habe, nicht plötzlich wegreißen und auf die bekannte Art abschieben. Einem Bericht aus Schwaz zufolge, soll die Verhaftung eines Juden, der seit langen Jahren als Schuster dort tätig war und nie unliebsam aufgefallen sei, Mißstimmung hervorgerufen haben und seien verschiedene Äußerungen gehört worden, die dahin lauteten: ‚Es ist einzusehen, daß es für Juden keine Ausnahme gibt, aber bei diesem ohnehin sehr alten Mann, der immer ein sehr fleißiger Arbeiter war, ist es eigentlich eine Ungerechtigkeit. Er hätte hier in Anbetracht des totalen Kriegseinsatzes sicherlich vielen Leuten durch seine Arbeit helfen können.'"

Besonderes Aufsehen erregt der Selbstmord des Ehepaares Teuber, er ein Offizier der alten Schule, für den es undenkbar ist, seine jüdische Frau im Stich zu lassen. Die Beerdigung wächst sich zur größten inoffiziellen Demonstration der NS-Zeit in Innsbruck aus. Familienmitglieder und Freunde der Verhafteten setzen sich bei den Parteidienststellen und im Reichssicherheitshauptamt in Berlin für ihre Lieben ein. Und die Proteste haben Erfolg. Nach einigen Wochen kommt aus Berlin der Befehl, die Festgenommenen wieder auf freien Fuß zu setzen. Doch für fünf Menschen ist es zu spät – auch für Egon Dubsky: Gestapochef Hilliges hat ihn im Arbeitserziehungslager Reichenau aus nächster Nähe mit einem Schuss in den Kopf bereits exekutiert.

* * *

Nichts wie weg, ist die Parole der noch in Tirol lebenden Jüdinnen und Juden nach den gewalttätigen Ausschreitungen in der Nacht vom 9. auf den 10. November 1938. Die restlose Vertreibung der jüdischen Bevölkerung ist auch das erklärte Ziel der Nationalsozialisten. Die blutige Nacht im Spätherbst und die anschließende Massenverhaftung soll dieses Vorhaben beschleunigen. „In diesen für mich unvergesslich bleibenden Tagen hatten wir nur einen Gedanken – fort aus diesem Land, wo man mir nicht nur nach dem Eigentum, sondern auch nach meinem und meiner Familie Leben trachtete." So fasst Richard Schwarz seine Zwangslage zusammen.

Gestapochef Dr. Wilhelm Harster ordnet an, dass die gesamte jüdische Bevölkerung Tirols bis 31. März 1939 nach Wien zu übersiedeln hat. Von dort aus sollen die Menschen rasch auswandern. Es beginnt ein Wettlauf mit der Zeit. Die Fluchtziele der jüdischen Flüchtlinge aus Tirol erstrecken sich über die Schweiz, Holland, England, Palästina und die USA bis nach Shanghai und Australien.

Die knapp 15-jährige Dorli Pasch erreicht in einem Kindertransport England. Ihre Gefühle sind widersprüchlich: Angst vor dem Unbekannten, Trauer um den Verlust der Freundinnen, Neugier auf das Abenteuer und Stolz auf das Alleine-Reisen wechseln einander ab. Jedes Mal, wenn sie über den Abschied von den Eltern am Bahnhof in Wien erzählt, kommen ihr die Tränen. Sie sieht diese Szene noch genau vor sich: Wie die Eltern sie umarmen, wie sie in den Zug einsteigt und sich die Türen schließen, wie der Zug langsam abfährt und die Eltern am Bahnsteig immer kleiner werden, bis sie endgültig aus ihrem Gesichtsfeld verschwinden. Heute sagt sie: „Ich war eine der Glücklichen, die ihre Eltern wiedersahen."

Auch Ernst Schwarz gelingt es nach monatelangen Bemühungen, seine beiden Kinder Vera und Karl Heinz in Sicherheit zu bringen. Aber er weiß genau, was es heißt, Flüchtling in einem fremden Land zu sein: „Wenn ich nach England gehen sollte, bin ich doch ein Fremder, ein Emigrant wie Tausende und Abertausende. Mißtrauisch und abgeneigt gegen Einwanderer, in denen man nur Schmarotzer sieht, ausgestoßene Menschen, die man in ihrer Heimat nicht wollte, weil sie dort als Schädlinge angesehen werden. Und in England gibt es auch Menschen, die von uns Juden nichts wissen wollen. So erfahre ich das Schicksal der Juden, wie es in der Geschichte schon so oft da war und dachte doch immer, daß mir das nie wird passieren können. Mein einziger Wunsch ist nur, daß meine beiden Kinder bald in England in der Schule wären. Dort sollen sie dann unter Menschen aufwachsen können. Vorläufig haben sie nur den Freiplatz für ein Jahr. Was dann?"

Ilse und Inge Brüll kommen in einem Kindertransport unter, der sie nach Holland bringt. Während ihres Aufenthaltes in Rotterdam unterhalten sie die Wartenden mit Singen und Jodeln in Tiroler Tracht. Doch nach dem Einmarsch der deutschen Wehrmacht holen SS-Männer Ilse aus dem Kloster Eersel bei Eindhoven ab, in dem die Mädchen Unterschlupf gefunden haben. Inge kann bleiben, sie gilt als „Halbjüdin", da ihre Mutter Arierin ist. Ilse wird in Auschwitz ermordet, ihre Eltern Rudolf und Julia überleben das KZ Theresienstadt.

„Er trug den Namen St. Antons in die Welt" – „Und wurde ein Opfer des nationalsozialistischen Rassenwahns". So lautet die Inschrift auf zwei Säulen eines Mahnmals, auf dem das Porträt von Rudolf Gomperz verewigt ist. Seit November 1995 erinnert diese eindrucksvolle Gedenkstätte auf dem Vorplatz des Heimatmuseums von St. Anton an den jüdischen Fremdenverkehrspionier der Gemeinde. Bauingenieur Gomperz investiert in führender Funktion viel Zeit und Geld für die Entwicklung des Österreichischen Schiverbandes und des Fremdenverkehrs in St. Anton. Ob Sprungschanze, Rodelbahn oder Eisplatz, stets treibt er die zur Errichtung notwendigen Mittel auf. Schon vor dem Ersten Weltkrieg macht er in über 100 Vorträgen den Arlberg in Europa bekannt. Ende der 1920er Jahre organisiert er die ersten Schikurse mit Vollpension und begründet damit den Ruf St. Antons als Schiort. Der Zustrom an Wintergästen schwillt an. Gomperz ist Pionier der Errichtung der Galzigseilbahn, sein mit Hannes Schneider herausgegebener „Schiführer Arlberg" eine Meisterleistung. Landesverkehrsamt, Fremdenverkehrsverband und Schiklub von St. Anton, allesamt Einrichtungen, die er federführend aufgebaut hat, ehren Gomperz. Damit ist es im März 1938 vorbei. „Was hat der Idealismus genützt?", fragt Rudolf Gomperz in seinem Testament Ende Juni 1941, um zu antworten: „Herzlich wenig! Die Menschen, Institutionen und Verbände, denen man einst Jahre, geistige Arbeit, Kraft und Vermögen opferte – sie haben einen gründlich vergessen!" Ende Dezember 1941 weist Joachim Gold, der Landrat von Landeck, ihn an, endlich den Judenstern zu tragen und bis längstens 10. Jänner 1942 aus St. Anton zu verschwinden, um Wohnsitz in Wien zu nehmen. Alle Vorsprachen und Eingaben seiner Frau bei Landrat, Gauleiter und Adolf Hitler sind vergeblich. Gomperz schreibt daraufhin am Dreikönigstag 1942: „Als reicher Mann kam ich vor 37 Jahren in dieses Dorf, das klein und fast unbekannt war. Als armer Bettler verlasse ich es, das heute dank *meiner* Arbeit groß, wohlhabend und weltbekannt wurde." Seine Frau Marianne, die ihm zur Seite steht, bezeichnet er als Heldin: „Sie mußte am Ende mich ziehen lassen, wissend, daß es mein Ende sein würde (…). Ihr und meinen Buben gilt mein letzter Gedanke, mein letzter Gruß und mein letzter Dank für Alles!!!" Wenige Monate später ist Ing. Rudolf Gomperz tot, ermordet im Osten, in Maly Trostinec bei Minsk in Weißrussland.

* * *

Wem die Flucht gelingt, der ist zwar mit dem Leben davongekommen, doch er hat seine Heimat verloren und muss wieder von vorne beginnen. „Ich habe mich gefühlt wie bei der Vertreibung aus dem Paradies", benennt Erwin Schnurmann seine Gefühle zum Zeitpunkt der Flucht aus Innsbruck. Ernst Schwarz notiert im Mai 1938 verzweifelt in sein Tagebuch, dass man ihm doch nicht seine Heimat nehmen könne, die ihm jetzt zur Mausefalle werde. Er hänge am Warenhaus in der Maria-Theresien-Straße, dem Haus seines Vaters, wie ein Bauer an seinem Hof. Gehe die Enteignung durch, „dann sind wir entwurzelt und unsere Heimat verloren." Resigniert schreibt Ernst Schwarz schließlich: „Am liebsten möchte ich in die nordischen Länder, Skandinavien, Canada, nur daß wo Berge sind. Die ‚zweite' Heimat kann doch nur der alten Heimat ähnlich sein."

Die Familien der erfolgreichen jüdischen Kaufleute Tirols erfahren in der Fremde den sozialen Abstieg. Die Familie von Dorli Pasch lebt nach ihrer Ankunft in London in ungewohnt beengten Verhältnissen und hält sich durch das Backen von Apfelstrudel und Vanillekipferln über Wasser. Ihr Vater Friedrich Pasch, Besitzer eines Modegeschäfts in Innsbruck, schält Äpfel und wäscht das Geschirr, die englische Sprache bleibt ihm verschlossen. Bereits 1944 stirbt er.

„Um Gottes Willen, in was für ein Land gehen wir hin?", sind Hans und Felix Heimer anfangs entgeistert über die englische Stadt Manchester. Sie finden die Luft schrecklich, die alten Öfen zum Heizen primitiv und die dünnen Fensterscheiben abstoßend. Doch immerhin: „Man hat die Freiheit gehabt."

Richard Schwarz, Geschäftsführer des Kaufhauses Bauer & Schwarz, schreibt kurz nach seiner erzwungenen Auswanderung nach England: „Ich bin nun seit zwei Monaten im Exil und so sehr ich mich, angesichts der uns angetanen Schmach, Erniedrigungen und zuletzt auch schwersten körperlichen Misshandlungen, aus dem Lande hinaus sehnte, in welchem ich geboren, meine Jugend erlebte, meine und die Existenz vieler Mitarbeiter gründete, so sehr beginne ich erst jetzt zu erkennen, was ich alles verloren habe. (…) Wer noch nicht aus seiner Heimat als Bettler schuldlos verstossen wurde, kann das doch nie und nimmer erfassen. (…) denn ich bin leider noch nicht in der Lage den Lebensunterhalt meiner vierköpfigen Familie zu bestreiten und es ist auch gar nicht abzusehen, wann dies der Fall sein wird, denn, übersehen Sie bitte nicht, auf mich 52-jährigen Menschen und Kriegsinvaliden hat hier Niemand gewartet."

* * *

Im Oktober 1939 befinden sich nur mehr 38 Jüdinnen und Juden in Tirol: alte Leute, so genannte jüdische Mischlinge und Menschen, die arisch verheiratet sind. Seit Mitte September 1939 dürfen sie ab 20 Uhr das Haus nicht mehr verlassen, auch Radio hören ist verboten, schließlich beschlagnahmt die Gestapo alle Rundfunkgeräte in jüdischem Besitz. Am 3. September 1940 löst Franz Hofer als Reichsstatthalter des Gaues Tirol-Vorarlberg die Israelitischen Kultusgemeinden in Innsbruck und Hohenems auf. Bis 1940 halten sich fast alle österreichischen Jüdinnen und Juden, die sich nicht ins Ausland retten konnten, in Wien auf. Unter den Zwangsumgesiedelten befinden sich rund 150

Menschen aus Tirol, die meisten von ihnen leben in völlig überfüllten „Juden-
wohnungen", sodann in Massenquartieren im II. Bezirk. 1941 beginnen die
Deportationen in die Ghettos und Vernichtungslager im Osten. 76 der nach
Wien zwangsübersiedelten Tiroler Jüdinnen und Juden werden innerhalb der
nächsten zwölf Monate in die Ghettos in Łódź und Riga, die Konzentrations-
und Vernichtungslager Bełżec, Sobibór und Majdanek in Polen, Maly Trostinec
bei Minsk in Weißrussland und Theresienstadt in Tschechien abtransportiert.
Von den insgesamt rund 100 Jüdinnen und Juden des Gaues Tirol-Vorarlberg,
die im KZ Theresienstadt eintreffen, kommt die Hälfte um. Die Überlebenden
werden in andere Konzentrations- und Vernichtungslager weiter verschickt.

Unter den wenigen noch in Tirol lebenden Jüdinnen und Juden gibt es Menschen, die in einer so genannten „Mischehe" leben. Sie sind mit nichtjüdischen
PartnerInnen verheiratet. Der Druck, sich scheiden zu lassen, ist sehr groß und
erhöht sich, wenn die Ehe kinderlos ist. Bei Scheidung und Tod des „arischen"
Partners oder Elternteils droht die Deportation. Anfang 1942 ordnen die NS-
Behörden in Tirol an, jüdische Frauen und Männer, deren arische PartnerInnen
die Scheidung eingereicht haben oder deren arische Elternteile verstorben
sind, ebenfalls nach Wien umzusiedeln. Dasselbe Schicksal erleiden auch
jüdische Männer in kinderlosen Ehen. Noch in der ersten Jahreshälfte 1942
verhaftet die Gendarmerie im Auftrag der Gestapo im Gau Tirol-Vorarlberg 13
Frauen, die inzwischen verwitwet sind oder bei einer der zahlreichen Kontrollen
erstmals als Jüdinnen erfasst werden. „Mit diesem Tag wurde die Jüdin Sara
Berta Novak der Gestapo Innsbruck überstellt, und Kössen ist judenfrei." Dieser Eintrag in der Chronik des Gendarmeriepostens vom 12. September 1942
betrifft eine 80-jährige Frau. Sie stirbt wenige Wochen nach ihrer Deportation
im KZ Theresienstadt.

Da der Gau Tirol-Vorarlberg an der Grenze zur Schweiz und zu Italien liegt,
versuchen über 200 jüdische Flüchtlinge, diese Grenzen illegal zu überque-
ren. Die wenigsten erreichen das rettende Ausland. Wer Jüdinnen und Juden
unterstützt, begibt sich in große Gefahr. Auch in Tirol finden sich – als Aus-
nahmeerscheinung – Menschen, die großen Mut und Mitgefühl beweisen. So
verstecken Einheimische vier jüdische Flüchtlinge aus Berlin über zwei Jahre
in Pertisau, Schwaz, Hopfgarten und auf verschiedenen Bauernhöfen in der
Wildschönau. Dort wissen über 100 EinwohnerInnen Bescheid, doch nie-

mand verrät etwas. Rudolf Ruhmann, Irene Dann und ihre Töchter Marion und Eva überleben den Krieg. Ebenso wie Helena Eppstein, eine junge polnische Jüdin, die nahe dem polnischen KZ Plaszow für die Wiener Baufirma STUAG Zwangsarbeit verrichtet. Dort lernt sie den aus Jerzens stammenden Lambert Grutsch kennen, der als Kranfahrer beschäftigt ist. Als sie ihn um Hilfe bittet, zögert er nicht, die als Katholikin getarnte Helena Eppstein für die Arbeit auf seinem Bergbauernhof anzufordern und nach Jerzens mitzunehmen. „Ich war fast der Ohnmacht nahe, als ich die schönen Schnee bedeckten Alpen sah!", erinnert sie sich: „Ich arbeitete hart, aber ich war im Paradies."

Die Nationalsozialisten verkünden kaum ein Jahr nach ihrer Machtübernahme, dass Tirol judenfrei wäre. Sie haben zwar überaus gründlich ihre „Arbeit" getan, völlig gelungen ist es ihnen nicht. Ein paar jüdische Ehefrauen in „geschützten Mischehen", es sind weniger als zehn, überleben. Auch einige wenige Jüdinnen und Juden aus dem Ausland, die in Tirol untertauchen oder sich erfolgreich als Bombenflüchtlinge tarnen können. Dazu kommen noch einige hundert Überlebende des Todesmarsches jüdischer KZ-Häftlinge aus Dachau im Raum zwischen Scharnitz, Seefeld, Mösern und Telfs. 63 von ihnen liegen am Seefelder Waldfriedhof begraben.

Die Bilanz ist niederschmetternd: Aufgrund der Nürnberger Rassengesetze wurden 176 Tirolerinnen und Tiroler zu so genannten Halbjuden erklärt, 585 zu Volljuden. Von diesen 585 Menschen haben nur 314 überlebt, 185 sind mit Sicherheit umgekommen. Das Schicksal von 86 Jüdinnen und Juden ist noch ungeklärt, bei etwas mehr als einem Drittel von ihnen wissen wir, dass sie geflohen sind – nicht aber, wo und wie die Flucht endete.

* * *

Rückkehr unerwünscht? Bald nach der Befreiung vom Nationalsozialismus fasst der Ausschuss der Tiroler Widerstandsbewegung als provisorische Landesregierung den Beschluss, dass er „die Heimkehr seiner Bürger wünscht und bereit und willens ist, das an ihnen begangene Unrecht nach Kräften gut zu machen." Doch den Worten folgen keine Taten. Das Land und seine Menschen sind mit den eigenen Problemen in der Nachkriegszeit beschäftigt, sie fühlen sich selbst als Opfer. Der Antisemitismus überdauert den Holocaust und Juden wirken generell störend. Die Überlebenden erinnern allein schon durch ihre Gegenwart an die Beteiligung vieler Tirolerinnen und Tiroler an Raub, Mord und Verbrechen, an die tiefe Verstrickung der Tiroler Gesellschaft in den Nationalsozialismus. Das kratzt an den Mythen, die gerade entstehen: Tirol sei ein Hort des Widerstandes gewesen im Geiste von Andreas Hofer; „mit der Faust im Sacke" hätte die Tiroler Bevölkerung ohnmächtig die Fremdherrschaft in jenen sieben düsteren Jahren ertragen müssen. Die Nazis wären Deutsche oder Wiener, nur einige wenige Einheimische seien den Verführungskünsten der braunen Machthaber, allesamt Angehörige einer ausländischen Clique, erlegen. Wer mochte sich schon daran erinnern, dass Gauleiter Franz Hofer sein ehrgeiziges Versprechen einlösen konnte, aus Tirol einen Mustergau zu machen? Oder dass ein Fünftel der Bevölkerung über 18 Jahre und rund ein Drittel der Tiroler Männer Mitglied in der NSDAP waren, darunter drei Landeshauptleute, auch der legendäre Eduard Wallnöfer?

1945 ist tatsächlich die Stunde null – für die jüdische Gemeinde von Tirol. Nicht mehr als 40 Überlebende kehren, zumindest kurzfristig, wieder in die alte Heimat zurück: KZ-Häftlinge, Zwangsarbeiter aus dem thüringischen Arbeitslager Rositz und ins Ausland Vertriebene. In Innsbruck treffen sie nur mehr auf jüdische Ehefrauen, die in privilegierten Mischehen die NS-Zeit mit Mühe und Not, Angst und Verzweiflung überstanden haben. Es gibt keine Familie, die nicht Verwandte zu betrauern hätte. Ihr Ziel, die völlige Auslöschung jüdischen Lebens in Tirol, haben die Nazis dennoch nicht erreicht. Rudolf Brüll hat zwar sein einziges Kind, Ilse, in Auschwitz verloren und muss auch lange um seinen Besitz kämpfen, doch gehört er nicht zu jenen, die schnell aufgeben. Mit fast 60 Jahren eröffnet er wieder das Möbelgeschäft Brüll in der Anichstraße in Innsbruck, auch Hugo Schindler, ungefähr im gleichen Alter wie Rudolf Brüll, schließt mit seiner Frau Edith das Tanzcafé Schindler in der Maria-Theresien-Straße wieder auf. Dort spielen in den 1950er und 1960er Jahren Jazzgrößen wie Joe Zawinul oder Schlagerstars wie Buddy Caine und Manuela auf.

Rudolf Brüll verfolgt ein weiteres ehrgeiziges Ziel: das Wiedererstehen der Israelitischen Kultusgemeinde. Dazu bedarf es eines langen Atems, nicht nur, um bürokratische Hindernisse aus dem Weg zu räumen, auch der Streit mit der Israelitischen Kultusgemeinde in Wien zieht sich jahrelang hin, bis der Kultusgemeinde Innsbruck, die sich im März 1952 rechtskräftig konstituieren kann, der Gemeindebesitz der ehemaligen Kultusgemeinde Hohenems zugesprochen wird. Erst 1955 erfüllt die Kultusgemeinde in Innsbruck alle gesetzlichen Voraussetzungen, um als offizielle Religionsvertretung der Jüdinnen und Juden in Tirol und Vorarlberg auftreten zu können. 1957 sind in beiden Bundesländern lediglich 43 Wahlberechtigte über 20 Jahre registriert. Auch wenn 1960 immerhin rund 100 Jüdinnen und Juden in Tirol und Vorarlberg leben, tritt die jüdische Gemeinde im öffentlichen Leben kaum in Erscheinung. Sie bleibt lieber unsichtbar, vor allem nach dem Tod des streitbaren Rudolf Brüll 1957. Die Zukunftsaussichten für die Kultusgemeinde scheinen düster: mehrheitlich alte Männer, keine Kinder und kaum Zurückkehrende.

Auch die Religion wird im Verborgenen gepflegt und spielt sich in privaten Räumlichkeiten ab. Seit 1961 in einer Parterrewohnung in der Zollerstraße, die einen Betraum und ein kleines Büro beherbergt. Im selben Jahr sucht die Kultusgemeinde um eine bescheidene Subvention beim Land Tirol an: „Die Angehörigen der hiesigen Kultusgemeinde sind zum Großteil Studenten oder Minderbemittelte, sodass fast keinerlei Einnahmen aus der Kultussteuer zu erreichen sind, sodass wir mit den Einnahmen nicht annähernd die auflaufenden Kosten, zu denen auch die Erhaltung des jüdischen Friedhofes gehört, decken können."

* * *

Viele Jahre ist die Kultusgemeinde damit beschäftigt, die wenigen alteingesessenen Jüdinnen und Juden und die nach England, Israel, Australien, Kanada oder auch in die USA Geflohenen in ihrem Bemühen zu unterstützen, den geraubten Besitz wieder zu bekommen. Doch dies gelingt nur bedingt. Vermögenseinbußen erleiden alle, einige gehen leer aus, andere erhalten ihre Geschäfte in einem Zustand zurück, der eine Weiterführung unmöglich macht oder einen Verkauf nur mit erheblicher Wertminderung zulässt. In der Nachkriegszeit schaffen es neben Brüll und Schindler nur mehr zwei weitere Familien, ihre Betriebe wieder aufzusperren: Schulhof eröffnen ihr Modehaus und Graubart das Schuhgeschäft. Bis Ende der 1970er Jahre werden auch sie aus dem Wirtschaftsleben Tirols verschwunden sein. Die Familie Schwarzkopf muss bis 1952 einen Prozess führen, um ihr Metallwerk Plansee in Reutte wieder zurückzubekommen. Die Republik Österreich und die Tiroler Landesregierung lassen nichts unversucht, um für sich einen finanziellen Vorteil herauszuschlagen. Paul Schwarzkopf ist genötigt, der Republik in einem Vergleich 5,8 Millionen Schilling zu zahlen, für sein eigenes Unternehmen. Heute sind die Planseewerke nach Swarovski das bedeutendste Privatunternehmen Tirols.

Die Stimmung in der Tiroler Öffentlichkeit zur Rückstellung geraubten jüdischen Gutes ist einem Pressekommentar aus dem Jahr 1951 zu entnehmen. *Die Sonntagspost. Alpenländisches Volksblatt. Unabhängige Heimatzeitung* schreibt: „Da nun aber unser Rückstellungsgesetz so beschaffen ist, dass beinahe jedermann in die Lage versetzt wird, sich als ‚Politisch Verfolgter' auszugeben und das von ihm, wenn auch freiwillig und zu einem gerechten Preis während der Naziherrschaft verkaufte Eigentum zurückzufordern, strengten auch die heute in Amerika lebenden ehemaligen Besitzer des Kaufhauses Bauer & Schwarz einen Rückstellungsprozess an. (...) Wer bezahlt jetzt diesen kostspieligen Prozess? Doch wohl das österreichische Volk, auf dessen Rücken alle diese famosen Gesetze ausgetragen werden."

Nach 12 langen Jahren des Prozessierens erhalten die ehemaligen GesellschafterInnen gerade einmal eine Million Schilling als Abschlagszahlung, die noch dazu aus den laufenden Erträgen des Kaufhauses bezahlt werden und dem Bilanzgewinn eines einzigen Geschäftsjahres entsprechen. Es ist durchaus nicht übertrieben, von einer zweiten Enteignung zu sprechen. Der Arisierer, Profiteur zwischen 1938 und 1945, verkauft den ehemals jüdischen Besitz wenige Jahre später um 27,5 Millionen Schilling.

* * *

Die Wege von Nazis und Juden kreuzen sich in Nord- und Südtirol nochmals, nach 1945: Die einen sind Mörder, Schreibtischtäter, Verbrecher jeder Schattierung und fliehen über Italien nach Südamerika. Die anderen Holocaust-Überlebende, Entwurzelte und Gestrandete des Krieges, vor allem Flüchtlinge aus Staaten wie Polen und Rumänien, aber auch aus Ungarn und der Tschechoslowakei, wo gewalttätige Übergriffe gegen die jüdische Bevölkerung selbst nach dem Krieg weitergehen. In den Jahren bis 1949 ist Tirol Durchzugsland für geschätzte 50.000 osteuropäische Jüdinnen und Juden auf der Suche nach einer neuen Heimat. Die jüdische Fluchthilfeorganisation Bricha unterstützt sie bei ihrer illegalen Einreise über Italien nach Palästina, doch auch die USA und südamerikanische Länder sind Zielland der Auswanderung. Die zwei bedeutendsten Flüchtlingslager in Tirol sind bei Hall in Tirol: der Gnadenwalderhof in Gnadenwald und der Wiesenhof auf Absamer Gemeindegebiet. Die Bricha, die im Wiesenhof eine Kommandozentrale unterhält, bereitet die Menschen im Lager auf das künftige Leben in Palästina vor. So gibt es eine landwirtschaftliche Ausbildungsstätte, auch der militärische Nahkampf wird geübt. Die auf ein paar Dutzend Familien geschrumpfte jüdische Gemeinde in Innsbruck ist überaltert, dennoch unternimmt sie keinen Versuch, junge Jüdinnen und Juden aus Osteuropa zum Bleiben zu bewegen. Die Vorurteile der Tiroler Gesellschaft richten sich, so wie bereits nach dem Ersten Weltkrieg, gegen die ostjüdischen Flüchtlinge und die Tiroler Jüdinnen und Juden sehen in ihnen eine Gefahr für die eigene Assimilation. Sie wollen nicht auffallen, um keine antisemitischen Angriffe auf sich zu ziehen. Trotzdem schänden im November 1961 deutschnationale Burschenschafter den jüdischen Friedhof in Innsbruck. In Israel steht gerade Adolf Eichmann vor Gericht, der Organisator des millionenfachen Judenmordes. Zwei Mitglieder der Brixia und der Suevia stoßen 48 Grabsteine um, werfen Kränze durcheinander und besudeln sie. Die Täter erhalten acht Monate Kerker. Als Tatmotiv gibt das Gericht den „Geltungstrieb" der jungen Burschenschafter an. Katholische und evangelische Jugendliche demonstrieren ihre Solidarität mit der Israelitischen Kultusgemeinde und veranstalten einen Fackel-Sühnemarsch mit 600 TeilnehmerInnen, Politik und Zivilgesellschaft verurteilen die Schändung scharf. Die Tiroler Landesregierung setzt eine Prämie für die Ausforschung der Täter aus und übernimmt die Kosten für die Wiederherstellung der Gräber.

* * *

1980 zahlt die Brenner Autobahn AG der Kultusgemeinde eine Million Schilling, um eine große Fläche des jüdischen Friedhofes für den Bau des „Südringes" nutzen zu können. Stadt Innsbruck und Land Tirol üben Druck aus, dem die Kultusgemeinde nicht gewachsen ist, eine Konfrontation möchte sie vermeiden. Stattdessen ist sie bereit, die eigenen religiösen Gebote und das Recht der Toten auf ein Grab für ewige Zeiten zu missachten. Allerdings: Die Auslegungen der Vorschriften unterscheiden sich durchaus. Selten, aber doch kommen Exhumierungen auf jüdischen Friedhöfen vor, auch die Auflassung eines Friedhofes, wenn er, wie der Neustifter Friedhof in Budapest, seit Jahrzehnten nicht mehr genutzt wurde. Bereits im letzten Drittel des 19. Jahrhunderts veranlassen Mitglieder der jüdischen Gemeinde Tirols Umbettungen Verstorbener vom alten, schwer zugänglichen Friedhof am Judenbichl in die jüdische Abteilung des städtischen Friedhofs, weitere folgen im Zuge der Friedhofserweiterung und vor allem kurz vor dem Ersten Weltkrieg, als der Innsbrucker Gemeinderat die Verlegung der jüdischen Abteilung beschließt.

Die größte organisierte Verlegung eines jüdischen Friedhofes in Mitteleuropa nach 1945 findet in Innsbruck statt. Kaum ein Stein bleibt auf dem anderen. Die Beerdigten werden nicht nur händisch, sondern auch mit Baggern ausgegraben, 78 Gräber innerhalb des Friedhofes verlegt und einige auch nach Wien, die meisten Gräber im verbliebenen Teil neu arrangiert und die Gebeine von 76 Verstorbenen in einem so genannten „Erinnerungsgrab" bestattet, ausgebaut zu einer Gedenkstätte, welche die Namen der Umgebetteten auflistet. So manch Vertriebener, der aus Israel oder einem anderen Land anreist, um das Grab eines Verwandten zu besuchen, findet es nicht mehr vor. Die oft letzte Verbindung zur ehemaligen Heimat, die man der Tochter, dem Sohn oder Enkelkind zeigen möchte, ist verschwunden, reduziert auf einen Namen unter vielen auf einer Tafel. Im Beisein von Landeshauptmann Eduard Wallnöfer, Bürgermeister Alois Lugger und des israelischen Botschafters Isaac Ben Jacov weiht Oberrabbiner Akiba Eisenberg aus Wien den um die Hälfte verkleinerten jüdischen Friedhof im September 1981 ein – danach auch eine Gedenktafel am Platz der verschwundenen Synagoge am Parkplatz der Sillgasse 15.

* * *

Über 300 Jahre lang ist in der Kirche am Judenstein in Rinn ein Deckengemälde zu sehen, das die erfundene Tötung des kleinen Anderl durch vagabundierende Juden darstellt. Die Geschichte des Anderl von Rinn ist eine Ritualmordlegende, welche die christlich geprägte Judenfeindschaft in Tirol fest im Volksglauben verankert. In opulenten Farben gemalt, können die Gläubigen schaudernd krummnasige und fremdländisch aussehende Juden betrachten, die dem armen Knäblein, das einem Barockengel gleicht, mit einem langen Messer die Gurgel aufschneiden, um sein Blut in Schalen aufzufangen und es einem ebenso dunklen wie barbarischen Kult zuzuführen. Eine Grabinschrift legt Zeugnis ab, dass „Andreas als unschuldiges Opferlamm am 12. Juli 1462 aus Haß gegen Christus von grausamen Juden geschlachtet" worden wäre. Gedichte, Messen und Fürbitten verbreiten das Schauermärchen um den „Märtyrer", der Ziel von Prozessionen und Wallfahrten ist. Die Gebrüder Grimm nehmen die Geschichte vom jüdischen Kindermord in ihren ersten Band der Deutschen Sagen auf. In mehreren Tiroler Orten, auch im bayerischen Kiefersfelden und sogar in Liesing im Kärntner Lesachtal finden Anderl-Spiele statt. Bereits Mitte des 18. Jahrhunderts erlaubt Papst Benedikt XIV. die Verehrung des Anderl von Rinn. Wer die Kirche am Judenstein aufsucht, erhält den Ablass der Sünden.

Peter Steindl, Ortschronist von Absam, weiß noch, dass er als kleiner Bub das Lager der jüdischen Flüchtlinge in Gnadenwald mied, weil er wegen der Ritualmordlegende um sein Leben fürchtete. Nicht nur im 19. Jahrhundert, nicht nur vor und in der Nazizeit, auch viele Jahre nach dem Krieg karren Lehrerinnen und Lehrer Schulkinder aus ganz Tirol zu dieser ganz besonderen Stätte der Bildung und Aufklärung im Geiste des Antijudaismus und Antisemitismus. Die Behörden mühen sich ab, eine Tiroler Heimatschule zu schaffen, fern linker Modernisierung, die sie in Wien ausmachen. Von der Heimat aus soll die große Welt geschaut werden, informiert der Landesschulrat das Unterrichtsministerium 1952. Vier Jahre später wendet sich der Stadtschulrat von Wien, Leopold Zechner, unter Beilegung eines Auszugs aus einem Schülerheft einer Osttiroler Schule an Minister Heinrich Drimmel. „Tief erschüttert" kritisiert er den dort betriebenen Heimatkunde-Unterricht, in dem die Ritualmordlegende fröhliche Urstände feierte. Karl Paulin, führender Blut- und Bodenkritiker in der Kulturberichterstattung der nationalsozialistischen Gauzeitung von Tirol-Vorarlberg, trägt sein Schärflein dazu bei, dass das Anderl von Rinn in Tirol bis in die 1980er Jahre weitum bekannt und beliebt bleibt. Den Kindern und Jugendlichen bringt er die Ritualmordlegende in seiner Sagensammlung näher. Die

Innsbrucker Universität ist vom ehemaligen Nationalsozialisten und Propagandisten des Judenhasses angetan. In den 1950er Jahren ernennt sie Karl Paulin zunächst zum Ehrenmitglied und schließlich zum Professor honoris causa. „Die schönsten Sagen aus Nordtirol" erscheinen in hoher Auflage, fehlen in keiner Schulbibliothek und enthalten bis 1950 das antisemitische Pamphlet über das Anderl von Rinn völlig unkommentiert. „Prof. Paulin hat der Tiroler Jugend so manche Perle seiner Erzählkunst geschenkt", würdigt 1960 der Katholische Tiroler Lehrerverein den „glühenden Patrioten und bedeutenden Schriftsteller" in einem Nachruf. Die Erhebungen des Landesschulrats, die das Ministerium nach der Anfrage von Leopold Zechner in Auftrag gibt, zeichnen ein ernüchterndes Bild des Weiterlebens antijüdischer und antisemitischer Einstellungen in der Bildungslandschaft Tirols: In sechs von neun Bezirken wird die Ritualmordlegende in einer Reihe von Schulen in Umlauf gebracht, am meisten in Innsbruck-Land. Dort weisen mehrere Schulen darauf hin, „daß das Anderl von Rinn weder eine Sage noch eine Legende, sondern eine geschichtliche Tatsache ist". Sie versichern, bei der Erzählung „volle Objektivität" ohne Verallgemeinerung gewahrt zu haben, aber: „Böse Menschen gibt es leider unter jeder Rasse und Nation – in der Gegenwart und Vergangenheit". Die Bezirkshauptmannschaft Innsbruck-Land bezeichnet in ihrem Bericht den Anderl-Mythos als „historische Begebenheit". Dem widerspricht auch Bischof Paulus Rusch nicht wirklich. Im Dezember 1954, als das Theaterstück „Anderl von Rinn" seine 100. Aufführung erlebt, ersucht Albert Massiczek, selbst ehemaliger Nationalsozialist, dann Obmann der „Arbeitsgemeinschaft sozialistischer Katholiken", den Bischof, die „Ritualmordfestspiele in Rinn" kirchlich verbieten zu lassen. Rusch antwortet, dass er erwirken konnte, dass das Theater fünf Jahre lang nicht mehr aufgeführt wird, aber: „Was nun die Ritualmorde rein historisch gesehen betrifft, so sind die Historiker hierüber verschiedener Ansicht. Eine große Zahl neigt durchaus nicht zu Ihrer Meinung. Es wird also hier zu berücksichtigen sein, daß es fundierte Meinungen gibt, die anderer Ansicht sind.

Im Gesamtzusammenhang der Dinge ist auf alle Fälle zu beachten, daß es immerhin die Juden waren, die unseren Herrn Jesus Christus gekreuzigt haben. Weil sie also zur NS-Zeit zu Unrecht verfolgt wurden, können sie sich jetzt nicht plötzlich gerieren, als ob sie in der Geschichte überhaupt nie ein Unrecht getan hätten. (...)

Ich bemerke abschließend noch, daß es sich in Rinn überhaupt nicht um eine Judenhetze handelt, sondern um ein Spiel, das in einer volkstümlichen Art dem Volk eben Freude zu machen scheint. In ähnlichen Spielen werden ja auch oft die Bauern verulkt und zum besten gehalten, ohne daß deswegen jemand Anstoß nehmen würde."

* * *

Die erste Einladung von Tiroler Jüdinnen und Juden in ihre ehemalige Heimat erfolgt 1973. Als Gad Hugo Sella, vormals Hugo Silberstein, von einer solchen Geste der Stadt Graz an ihre ehemaligen jüdischen Bürgerinnen und Bürger erfährt, wendet er sich von Israel aus an die Tiroler Landesregierung und die Stadt Innsbruck. Bürgermeister Alois Lugger reagiert prompt und heißt die mit Schimpf und Schande Vertriebenen willkommen. Das *Amtsblatt der Stadt Innsbruck* berichtet daraufhin: „21. September: 20 Innsbrucker, die 1938 ihre Heimatstadt verlassen mußten und Bürger des Staates Israel wurden, weilen auf Einladung der Stadt 13 Tage in der Tiroler Landeshauptstadt. Ein umfangreiches Besichtigungs- und Ausflugsprogramm bietet den ehemaligen Mitbürgern, von denen einige die alte Heimat nach 35 Jahren zum erstenmal wiedersahen, die Möglichkeit, ihre Erinnerungen an Innsbruck und seine Umgebung aufzufrischen. Bürgermeister Dr. Lugger heißt im Rahmen eines Empfanges die Gäste, die zum Teil von ihren Angehörigen begleitet werden, herzlich willkommen. Für die Betreuung und Aufenthaltsgestaltung tragen Angestellte des Stadtmagistrates Sorge."

Ab der zweiten Hälfte der 1980er Jahre setzt eine neue Dynamik ein: Die Diskussion um die nationalsozialistische Vergangenheit von Bundespräsident Kurt Waldheim rüttelt die österreichische Gesellschaft auf, die Archive öffnen sich, die Zeitgeschichte-Forschung erwacht aus ihrem Dornröschenschlaf oder wird, wie in Innsbruck mit der Gründung des Instituts für Zeitgeschichte an der Universität, überhaupt erst etabliert. Ein Buch nach dem anderen zertrümmert die liebgewonnenen Umerzählungen zum Nationalsozialismus. Bischof Reinhold Stecher schafft zwischen 1985 und 1989 trotz massiver Widerstände den bis dahin immer noch erhaltenen Kult in Judenstein um das Anderl von

Rinn ab und bereinigt alle antijüdischen Spuren in der Kirche des Ortes. Mit Esther Fritsch übernimmt 1986 eine Frau die Leitung der Israelitischen Kultusgemeinde für Tirol und Vorarlberg, die, gestärkt durch ihre Erziehung in Israel, ein neues Selbstbewusstsein in die jüdische Gemeinde trägt. Und: In Innsbruck nimmt der Bau der ersten Synagoge, die ihren Namen wirklich verdient, Gestalt an. Sie ersetzt einen unscheinbaren Gedenkstein mit einer Kupfertafel, der seit 1981, auf Anregung des Israelischen Botschafters in Österreich, an den Standort des alten, bei einem Bombenangriff zerstörten Bethauses erinnerte. Am Rande eines Parkplatzes gelegen überwucherte Moos den Stein, während die Tafel der Straße abgewandt war, beinahe unsichtbar, wenn man nicht gerade gezielt nach ihr suchte.

„Der Grund hatte der Stadt Innsbruck gehört und das Haus, das darauf stand, war nicht arisiert worden. Wir hatten also keinen Rechtsanspruch darauf. Aber der damalige Bürgermeister Romuald Niescher sagte: ‚Das moralische Recht ist auf eurer Seite. Fangen wir an!'" So schildert Esther Fritsch den Baubeginn der Synagoge im neu errichteten Gebäude in der Sillgasse 15, die 1993 eröffnet wird. Einer der Förderer des Projektes ist, in Tirol nicht unwesentlich, Bischof Reinhold Stecher, der die Aussöhnung zwischen dem christlichen und jüdischen Tirol vorantreibt, 1989 das Tiroler Komitee für christlich-jüdische Zusammenarbeit ins Leben ruft und ein gern gesehener Gast bei Gedenkfeiern und Veranstaltungen der Kultusgemeinde in Innsbruck ist.

Bürgermeister Romuald Niescher lädt die aus der Landeshauptstadt vertriebenen Jüdinnen und Juden, die in Israel leben, drei Mal ein: zum Gedenkjahr 1988, anlässlich der Grundsteinlegung der neuen Synagoge 1991 und zwei Jahre später bei ihrer Einweihung. 1997 spricht Landeshauptmann Wendelin Weingartner eine Einladung aus: Alle Tiroler Überlebenden des Holocaust aus der ganzen Welt mögen nach Tirol zu Besuch kommen. In den Jahren 2011 und 2012 würdigt Innsbrucks Bürgermeisterin Christine Oppitz-Plörer jüdische Alt-InnsbruckerInnen aus England und Israel mit der Verleihung des Verdienstkreuzes der Tiroler Landeshauptstadt.

Der Grund für die Feier am Eduard-Wallnöfer-Platz 1997 in Innsbruck ist die Realisierung eines Antrags des Jugendlandtages, ein Mahnmal zur Erinnerung an die Opfer der Pogromnacht im November 1938 zu errichten. Nach einem Entwurf von Mario Jörg setzt die HTL Fulpmes das Sieger-Projekt eines

Schüler-Wettbewerbs um: eine Menorah, ein siebenarmiger Leuchter, auf dessen Sockel die Namen der Ermordeten eingeschrieben sind. Die Materialkosten übernimmt das Land Tirol. Für die Präsidentin der Israelitischen Kultusgemeinde, Esther Fritsch, dokumentiert das Denkmal an einem zentralen Ort im öffentlichen Raum, dass in Tirol Jüdinnen und Juden über Jahrhunderte gelebt haben und leben. Bischof Stecher hält die Festansprache: „Ich vergesse nie die Szene in der Salurner Straße, in der eine Horde Hitlerjugend hinter einem kleinen, verzweifelt weinenden Mädchen herlief und immer brüllte: Saujüdin, Saujüdin! Ich erinnere mich noch an den ohnmächtigen Zorn meiner Mutter, als sie nach der Mordnacht am 10. November erfuhr, was man mit dem alten, fast 80jährigen Juden Diamant getan hatte, der einige Häuser weiter wohnte, im Eckhaus Adamgasse/Salurner Straße. Die Mitbewohner fanden Blutspuren an der Stiegenwand."

Die Feierlichkeit bewegt die Eingeladenen, vor allem das Engagement der Jugendlichen, in dem sie ein anderes Tirol erkennen wollen als jenes, das sie Jahrzehnte zuvor zu Rechtlosen erniedrigte und ihnen alles nahm: geliebte Menschen, die Existenz und die Heimat.

Die Reaktionen in der Öffentlichkeit und Presse sind überaus positiv, nur der Chefredakteur der Tirol-Ausgabe der *Kronen Zeitung* nimmt eine ablehnende Haltung ein. Für Walther Prüller ist das Mahnmal ein „6-Tonnen-Monstrum", Sinnbild der Verschleuderung guten Steuergeldes, das besser für die Erinnerung an die Leiden der eigenen Leute eingesetzt gehöre. Während ein paar Dutzend Alt-InnsbruckerInnen mit einigen Verwandten anreisen, sieht er bereits hunderte Juden vor den Toren Tirols stehen: „500 Anhänger des mosaischen Glaubens werden erwartet. Nichts gegen Denkmäler, aber wo ist der Anlaß, wo die Notwendigkeit, was sind die wahren Gründe? Der Jugendlichenlandtag hatte diese Idee gehabt. Und weil offenbar andere Anregungen auf taube Ohren der Politiker gestoßen sind, dürfte man sich gedacht haben – dann bekommen sie halt das Juden-Denkmal. Als Erfolgserlebnis. (...) Ein Schulprojekt – das ist auch noch billig, mag man sich gedacht haben. Denkste! Die Kosten (...) belaufen sich auf fast eine Million Schilling. (...) Nichts gegen das Mahnmal. Aber, schüchterne Gegenfrage: Wo steht eigentlich in Innsbruck ein Denkmal für die Hunderten bei Bombenangriffen ums Leben gekommenen Bürger?"

Seit über 700 Jahren sind Jüdinnen und Juden in Tirol beheimatet, diesseits und jenseits des Brenners. Die Mitglieder der Israelitischen Kultusgemeinde leben heute anerkannt in der Mitte der Tiroler Gesellschaft, daran können gelegentliche antisemitische Rülpser nichts ändern. Das religiöse Leben blüht wieder auf, auch wenn die Gemeinde weitaus weniger Jüdinnen und Juden zählt als zu Anfang des 20. Jahrhunderts. Statt der 460 Menschen sind es rund 100 Frauen und Männer aller Altersgruppen und verschiedener Nationalitäten mit ebenso vielfältigen Berufen. Vor allem aber ist es die wachsende Zahl an Kindern, die das Gemeindeleben bereichern, lebendig machen und darauf verweisen, dass das Judentum in Tirol eine Zukunft hat.

Innsbruck, Maria-Theresien-Straße um 1914

Österreichisch-ungarische Monarchie um 1900
Die Stationen der Migration von Amalie und Wolf Meier Turteltaub:
vom galizischen Stanislau über Wien und Salzburg nach Innsbruck

WOLF MEIER UND AMALIE TURTELTAUB:

VON GALIZIEN NACH INNSBRUCK

Galizien, die Heimat von Wolf Meier Turteltaub und Amalie Wolfart, seit 1772 Teil des Habsburgerreiches, kann nur in Superlativen beschrieben werden: Es war das größte und bevölkerungsreichste Kronland der Monarchie, zugleich aber auch das ärmste und rückständigste, in dem die meisten Jüdinnen und Juden der späteren österreichischen Reichshälfte lebten. Wem es möglich war, der wanderte aus.

Wolf Meier Turteltaub stammt aus dem Karpaten-Shtetl Bohorodczany, das die jiddisch sprechende Gemeinschaft Brotchin nannte. Die eine Hälfte der 4.800 Menschen starken Bevölkerung war 1890 polnischer und ukrainischer Herkunft, die andere bestand aus Jüdinnen und Juden. Lediglich rund 20 Kilometer entfernt lag Stanislau, eine Stadt mit 30.000 EinwohnerInnen und einem ebenso hohen jüdischen Bevölkerungsanteil wie Bohorodczany. Dort lebte Malke (Amalie) Wolfart, um deren Hand Wolf Meier Turteltaub am 8. April 1894 anhielt. Wenige Jahre später brach er mit ihr in die Reichshauptstadt auf, in der Hoffnung auf ein besseres Leben.[1]

Das Ehepaar wohnte in Wien in mehr als bescheidenen Verhältnissen in der Leopoldstadt und im angrenzenden XX. Bezirk. Wolf Meier war aufstiegsorientiert und daher anpassungswillig, nannte sich Max und arbeitete als „Agent" in der Staudingergasse 14, dann als Gemischtwarenverschleißer in der Othmargasse 13 und in der Traunfelsgasse 3; allesamt Adressen, die nur wenige Gehminuten voneinander entfernt lagen. Doch in der überbevölkerten Stadt mit dem hohen Anteil ostjüdischer Zuwanderung, die sich im Handel konzentrierte, sahen Wolf Meier und Amalie Turteltaub kein Fortkommen im Gemischtwarenhandel.

Mit den beiden 1899 und 1900 in Wien geborenen Kindern Edmund und Eva wagte das Ehepaar den Sprung in die wirtschaftlich aufstrebende Provinz: 1903 nach Salzburg, wo 1905 die Zwillinge Ella und Anna in Maxglan zur Welt kamen, und noch Ende desselben Jahres nach Innsbruck. Doch damit verzichteten sie auch auf ihr bisheriges soziales Umfeld. Die Übersiedlung in den zutiefst katholisch geprägten Westen hatte folgenschwere Auswirkungen: Ein koscheres und streng gläubiges Leben war hier nicht möglich, es fehlte alles, was dafür an Infrastruktur nötig war. Wolf Meier und Amalie Turteltaub gehörten zu den wenigen Jüdinnen und Juden in Innsbruck, die sich weitgehend an die religiösen Vorschriften hielten, ansonsten passten sie sich an. In Sprache und Kleidung unterschieden sie sich nicht von ihrer katholischen Umwelt.

Edmund Turteltaub mit seiner Schwester Eva in Salzburg 1905

Familie Turteltaub ließ sich im Arbeiterbezirk Pradl nieder. Amalie erwarb für 82.000 Kronen im Jänner 1911 auf Kredit das Haus Defreggerstraße 12, in dem sich Wolf Meier einen Gemischtwarenhandel einrichtete: das Warenkredithaus Fortuna.

Die Arbeiterschaft in Innsbruck war knapp bei Kassa. Sie schätzte es, im Textilgeschäft der Turteltaubs einzukaufen und anschreiben zu können. Vom Handelsagenten in Wien zum Haus- und Geschäftsbesitzer in Innsbruck: ein beachtlicher

sozialer Aufstieg von Wolf Meier Turteltaub und seiner Frau Amalie. 1909 kam ihr jüngster Sohn Fritz in Innsbruck zur Welt, eine weitere Tochter, Sofie, war zuvor mit neun Monaten gestorben.

ABRAHAM GAFNI:

" Die Herkunft meiner Großeltern liegt für mich weitgehend im Dunkeln. Sie haben mir über die Gegend, aus der sie kommen, kaum etwas erzählt, aber ich war ja noch ein Kind. Das Wenige, das ich weiß, ist über die Familie von Seiten der Großmutter. Die Großmutter, sie war die Älteste, hatte zwei Geschwister: Joel, wir nannten ihn Julius, und Regina, die haben die Nazis ermordet. Vielleicht hatte meine Großmutter noch weitere Brüder oder Schwestern, von denen ich nichts weiß, damals sind ja viele bereits früh gestorben. Der Name meiner Großmutter vor der Ehe war Wolfart, ihre Geschwister hatten den Nachnamen Schrager. Warum weiß ich nicht genau. Das kann auf einen Fehler der Bürokratie im dreisprachigen Galizien zurückzuführen sein. Ich glaube aber, der wahre Grund ist, dass staatlicherseits jüdische Ehen, die nur vor einem Rabbiner eingegangen worden sind, nicht anerkannt waren und die Kinder daher als unehelich gegolten haben. Und die Steuern für die zivilen Heiratsurkunden waren sehr teuer, die konnten sich viele nicht leisten.

Anna Turteltaub, die Mutter von Erich, und ihre Zwillingsschwester Ella (r.)

Von meinem Großvater weiß ich nur, dass er einen Bruder hatte, der mit anderen osteuropäischen Juden wegen der Verfolgungen ein paar Jahre vor meinen Großeltern nach Argentinien in die Provinz Santa Fe ausgewandert ist. Dort haben Einwanderer wie er eine ganz kleine jüdische Gemeinde gegründet, die Land-

Stammbaum der Familie Turteltaub

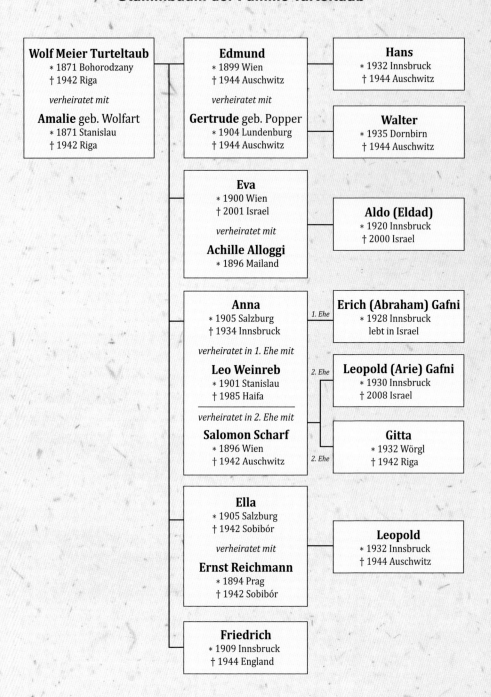

Wolf Meier Turteltaub
∗ 1871 Bohorodzany
† 1942 Riga

verheiratet mit
Amalie geb. Wolfart
∗ 1871 Stanislau
† 1942 Riga

Edmund
∗ 1899 Wien
† 1944 Auschwitz

verheiratet mit
Gertrude geb. Popper
∗ 1904 Lundenburg
† 1944 Auschwitz

Hans
∗ 1932 Innsbruck
† 1944 Auschwitz

Walter
∗ 1935 Dornbirn
† 1944 Auschwitz

Eva
∗ 1900 Wien
† 2001 Israel

verheiratet mit
Achille Alloggi
∗ 1896 Mailand

Aldo (Eldad)
∗ 1920 Innsbruck
† 2000 Israel

Anna
∗ 1905 Salzburg
† 1934 Innsbruck

verheiratet in 1. Ehe mit
Leo Weinreb
∗ 1901 Stanislau
† 1985 Haifa

verheiratet in 2. Ehe mit
Salomon Scharf
∗ 1896 Wien
† 1942 Auschwitz

1. Ehe
Erich (Abraham) Gafni
∗ 1928 Innsbruck
lebt in Israel

2. Ehe
Leopold (Arie) Gafni
∗ 1930 Innsbruck
† 2008 Israel

2. Ehe
Gitta
∗ 1932 Wörgl
† 1942 Riga

Ella
∗ 1905 Salzburg
† 1942 Sobibór

verheiratet mit
Ernst Reichmann
∗ 1894 Prag
† 1942 Sobibór

Leopold
∗ 1932 Innsbruck
† 1944 Auschwitz

Friedrich
∗ 1909 Innsbruck
† 1944 England

wirtschaft betrieben hat: Kiryat Moshe, die Stadt Moses. Heute heißt sie Moisés Ville. Wieso ich das weiß? Weil ich begonnen habe, Spanisch zu lernen, als die Deutschen 1938 in Innsbruck einmarschiert sind und wir dorthin auswandern wollten. Weshalb es anders gekommen ist, weiß ich nicht, aber wir sollten eigentlich nach Argentinien.

Die Geschichte meiner Großeltern interessiert mich heute, schon seit Jahren, aber ich habe die Gelegenheit nicht genutzt, mehr zu erfahren. Heute sage ich meinen jüngeren Freunden, dass sie die Eltern und Großeltern über alles ausfragen sollen. Als Kind habe ich nie daran gedacht, die Großmutter zu bitten, dass sie erzählt, wie das dort war, wo sie herkam. Jetzt ist es zu spät. „

FAMILIE WEINREB/SCHARF:
ZWISCHEN INNSBRUCK, WÖRGL UND KIRCHBICHL

Geburtshaus (Gebäude links der Straßenbahn) von Erich Weinreb, das Amalie Turteltaub 1911 kaufte und in dem die Großfamilie Turteltaub in Innsbruck wohnte

ABRAHAM GAFNI:

" Ich bin im August 1928 in Innsbruck geboren, in der Defreggerstraße 12, in dem Haus, auf dessen Fassade ein Bild von Andreas Hofer zu sehen ist. Meine Mutter Anna hat Leo Weinreb geheiratet, aber als ich auf die Welt kam, waren meine Eltern schon geschieden. Ich habe meinen Vater nicht gekannt, er flüchtete noch rechtzeitig nach Palästina und hat später eine neue Familie gegründet. Ich habe mir eine eigene Geschichte ausgedacht, wie sich meine Eltern kennengelernt haben könnten.

Amalie Turteltaub mit Baby Erich und dessen Cousin Aldo 1928

Leo Weinreb lebte in Klagenfurt, er stammte aber ursprünglich aus Stanislau, der Geburtsstadt meiner Großmutter. Ich stelle mir vor, dass ein Reisender aus Klagenfurt ins Geschäft des Großvaters gekommen ist, sie sich unterhalten haben und der Großvater ihn gefragt hat, ob er einen geeigneten Heiratskandidaten

85

für seine Tochter kenne. „Ja, da hätte ich jemanden aus Stanislau." Meine Großmutter wird gesagt haben, wenn der aus Stanislau kommt, dann muss es passen. Es kann nicht viel anders gewesen sein.

Aber es hat nicht geklappt. Meine Mutter hat nach der Scheidung ihrer kurzen Ehe mit Leo Weinreb, die trotzdem gut war, weil ich auf die Welt gekommen bin, den Salomon Scharf geheiratet, aber alle haben ihn nur Salo genannt. Und es hat nicht lange gedauert, bis mein Bruder Leopold, der Poldi, 1930 in Innsbruck geboren wurde und zwei Jahre später meine Schwester Gitta in Wörgl.

Salo Scharf war der einzige Vater, den ich gekannt habe, ich habe nicht viele, aber gute Erinnerungen an ihn. Er ist ja in Auschwitz umgekommen. Viele Jahre später habe ich seinen Bruder und seine Schwester, die ganze Familie, alles sehr nette Menschen, in Amerika kennengelernt. Irgendwie habe ich die Vermutung, dass mein Stiefvater ein weitschichtiger Verwandter der Familie Turteltaub war.

Erich mit seiner Mutter Anna und ihrer Zwillingsschwester Ella (r.) 1929

Mein Großvater hat dem Salo Scharf anscheinend ein kleines Geschäft in Wörgl eingerichtet, er hat immer allen in der Familie geholfen. Meine Mutter, mein Stiefvater und meine kleinen Geschwister haben eine kurze Zeit gemeinsam in Wörgl in der Wildschönauer Straße und dann in Kirchbichl in Kastengstatt 3, nahe der Wörgler Stadtgrenze, gewohnt. Ich war drei, vier Jahre alt, deshalb kann ich mich an meine kleinen Geschwister zu dieser Zeit nicht erinnern. Meine jüngste Schwester Klara kam 1933 in Kastengstatt auf die Welt, aber sie starb schon zwei Monate nach der Geburt.

Als wir in Kirchbichl wohnten, fuhr ich oft mit meinem Stiefvater mit dem Zug nach Innsbruck und retour. Wir kamen am Bahnhof in Wörgl an und sind dann zu

Fuß gegangen, links vom Bahnhof immer geradeaus bis zu einer Unterführung, die hat natürlich anders ausgeschaut als heute. Den Weg vom Bahnhof nach Kastengstatt habe ich nicht als sehr weit in Erinnerung. Dort waren nicht viele Häuser, vielleicht drei oder vier, sie schauten sich alle ähnlich. Vor vielen Jahren war ich schon hier und ich konnte meine Frau Zipora bis zu der Stelle hinführen, wo das Haus stand, in dem ich mit meiner Familie gewohnt habe. In der Nähe war ein Wald, wir lebten praktisch am Inn, wo ich oft gespielt habe. Es war eine Art Doppelhaus, unseres stand schon bei meinem ersten Besuch nicht mehr, aber das Grundstück war noch zu sehen.

Erichs Stiefvater Salo Scharf in den 1930er Jahren

Kastengstatt-Kirchbichl 2013: Zwei betagte Frauen können sich noch an Salo Scharf erinnern und geben dieses Haus als seine Wohnstätte an. Abraham Gafni ist der Meinung, dass das Haus, in dem er mit seinem Stiefvater gewohnt hat, zwar ähnlich aussah, aber bereits vor Jahrzehnten abgerissen wurde.

Abraham Gafni auf den Spuren seiner frühen Kindheit in Kastengstatt 2013

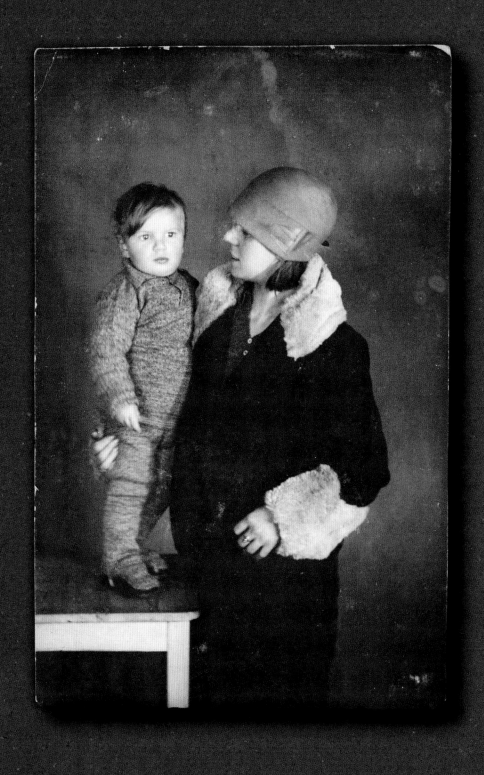

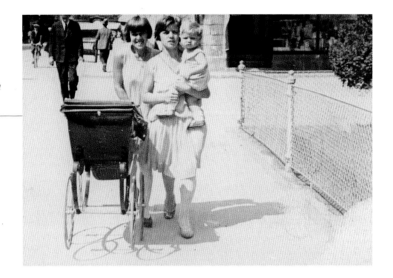

Ella war eine lebenslustige Frau, die sich unkonventionell verhielt und wie ihre Schwester Anna gerne modisch kleidete. Erich fühlte sich zu ihr hingezogen, wenn sie zu Besuch kam, zumal sie ihn nicht nur an die Mutter erinnerte, sondern auch viel mit ihm unternahm. Heute vermutet er, dass die Großeltern Ella aus Furcht vor einer Heirat mit einem Christen rasch verheirateten.

Ich muss ungefähr viereinhalb Jahre alt gewesen sein, als meine Mutter schwer krank wurde. Daher ist sie mit uns Kindern ins Haus der Großeltern übersiedelt, die sie gepflegt und uns großzogen haben. Der Stiefvater musste arbeiten, er hat uns aber regelmäßig besucht.

Die Mutter war die ganze Zeit in ihrem Zimmer im Bett, wir durften fast nie zu ihr, weil sie eine ansteckende Krankheit hatte – Tuberkulose. Ich kann mich daher kaum an sie erinnern, eigentlich nur über ihre Zwillingsschwester Ella, die fast so wie sie ausgesehen hat.

Eines Tages, wir haben gerade im Rapoldipark gespielt, ist unsere Haushaltshilfe zu uns gelaufen, um uns mitzuteilen, dass wir so schnell wie möglich ins Haus kommen sollen. Die Großmutter hat uns dann darauf

Poldi, Gitta, Erich mit Großmutter Amalie Turteltaub und (Stief-)Vater Salo Scharf Ende 1938

vorbereitet, dass die Mutter gestorben ist. Ich sehe sie noch vor mir, wie sie zugedeckt im Bett liegt, überall Kerzen.

Was mir bis heute niemand erklären konnte, ist das Foto, auf dem meine Mutter aufgebahrt liegt, eingewickelt in ein Tuch mit einem Davidstern, und mein Großvater daneben steht. Bei den Juden gibt es so einen Brauch nicht.

Nach dem Tod der Mutter 1934, ich war noch keine sechs Jahre alt, hat mich ihre Schwester Eva, meine Tante, die geschieden war, mit nach Wien genommen. Ihr Sohn Aldo war mein Lieblingscousin. Für mich war es eine interessante Zeit, ich bin in die erste Klasse Volksschule gegangen, die Schulleiterin hieß Kettner, ansonsten erinnere ich mich nur mehr an sehr wenig. Es war eine wirtschaftlich schwere Zeit, innerhalb von einem Jahr wohnten wir an drei verschiedenen Adressen. Tante Eva war die einzige in der erweiterten Familie, die alleine zurechtkommen wollte und nicht den Großvater um finanzielle Unterstützung gebeten hat. Alle anderen haben sich immer auf den Großvater verlassen, Tante Eva wollte nie etwas von ihm nehmen. Nach ihrer Scheidung hat er sie

aber mit ihrem Sohn Aldo in der Wohnung aufgenommen. Jedenfalls, als ich in die zweite Klasse kam, lebte ich wieder bei den Großeltern in Innsbruck.

Unser Familienleben war in Innsbruck in der Defreggerstraße bei den Großeltern. Der Großvater war die meiste Zeit im Geschäft, er war ein sehr ernster, strenger Mann. Heute weiß ich, dass er eine große Verantwortung tragen musste, für die ganze Familie, alle lebten nur durch ihn. Er hat allen Schwiegersöhnen bei der Gründung und Führung ihrer Geschäfte, aber auch meiner Mutter, den Tanten und Onkeln geholfen.

Die Großmutter war für mich die Mutter. Ich erinnere mich sehr gut an sie, an jedes ihrer Worte, und ich erzähle heute immer meiner Frau, den Kindern und Enkelkindern, die Großmutter hat dieses und jenes gesagt, so wie sich jeder scheinbar an seine Mutter erinnert, wenn sie nicht mehr lebt. Am Schabbat haben wir die Kerzen angezündet und die Großmutter hat ein Gebet gesprochen, auf Jiddisch: „Drei Engel sollen uns beschützen, der erste soll uns lehren, dass wir niemanden brauchen,

95

der zweite soll uns speisen und der dritte soll uns den richtigen Weg weisen."

Im Haus der Großeltern war stets etwas los, es war eine richtige Großfamilie. Immer war irgendjemand bei uns Kindern. Die Onkel, Tanten und Cousinen waren alle unsere Erzieher. Vater und Mutter haben mir nie gefehlt. Wir Kinder hatten keine Sorgen, es war lustig und mich haben alle sehr verwöhnt, ich war ein verhätscheltes Kind. Die Verwandten haben mir vorgelesen und bald konnte ich selbst lesen: Bücher über Indianer, besonders von Karl May. Max und Moritz kann ich heute noch auswendig, auch den Struwwelpeter.

Bei uns daheim war viel Gesang. Wir hatten ein Klavier und alle waren sehr musikalisch, nur die Großmutter hat nicht gesungen, sie war dauernd beschäftigt, im Haushalt und beim Kochen. Die Onkel und Tanten haben Opern gesungen und verschiedene Lieder, zuhause war immer etwas mit Musik. „

Die älteste Tochter Eva heiratete 1919 Achille Alloggi, einen Leutnant der italienischen Truppen, die zu Kriegsende eine kurze Zeit in Innsbruck stationiert waren. Das Paar lebte einige Jahre in Mailand mit ihrem Sohn Aldo. Doch die Ehe ging schief, Eva kehrte mit Aldo als italienische Staatsbürgerin 1925 ins Haus der Eltern zurück. Den Erwerb des Heimatrechts in Innsbruck – eine Voraussetzung für die Wiederverleihung der österreichischen Staatsbürgerschaft – konnte sich Eva Alloggi nicht leisten, die Gebühr war zu hoch, eine Ermäßigung lehnte der Stadtmagistrat Innsbruck ab, obwohl dessen Erhebungen 1930 ergaben: „Eva Alloggi geb. Turteltaub ist geschieden, vermögenslos, ohne Erwerb, hat kein

Einkommen und wird von ihren Eltern, bei denen sie im Aufenthalte ist, gänzlich erhalten".

Ella Turteltaub, die Zwillingsschwester von Erichs Mutter Anna, heiratete Ernst Reichmann, einen gebürtigen Prager. Gemeinsam lebten sie mit Sohn Leopold in Telfs. Ernst Reichmanns Bekleidungsgeschäft ging mehr schlecht als recht, auch die illegale NSDAP des Ortes setzte der Familie zu. Im Juli 1933 verunstaltete ein Hakenkreuz den Gehsteig vor dem Geschäft, im Dezember warfen Nazis einen Böller, der im Garten des jüdischen Kaufmanns explodierte.

Fritz Turteltaub arbeitete im Geschäft seines Vaters, sein Bruder Edmund schloss sein Studium an den Technischen Hochschulen in Wien und München als Diplomingenieur der Chemie ab. Wegen der wirtschaftlich schlechten Zeiten musste er einige Jahre in Zell am See als Angestellter einer Wach- und Schließgesellschaft arbeiten. 1930 errichtete er eine Zweigniederlassung des Familienbetriebs Warenkredithaus Fortuna im Stadtzentrum von Dornbirn in der Marktstraße 39. Zwar wandelte er 1935 die Zweigniederlassung seines Vaters in einen Betrieb um, der ihm als Manufakturwarenhändler selbst gehörte; er bestand aber nur aus einem Zimmer in seiner Wohnung in der Lustenauer Straße 3, in dem das Verkaufs- und Lagerlokal untergebracht war. Edmund Turteltaub heiratete 1931 Gertrude Popper aus Lundenburg in der Tschechoslowakei, die Söhne Hans und Walter kamen 1932 und 1935 zur Welt.[2]

Sederabend in der Defreggerstraße in der Wohnung von Amalie und Wolf Meier Turteltaub 1935. Von links: Zwei Unbekannte, Berta Schnurmann mit Sohn Siegfried und Ehemann Karl, Fritz Turteltaub und seine Eltern Wolf Meier und Amalie

Am Vorabend des Pessach-Festes, das an den Auszug der Israeliten aus Ägypten erinnert, feiern jüdische Familien bei einem gemeinsamen Essen den Sederabend, der nach einem festgelegten Ritual abläuft, mit Lesungen, Liedern und dem Brechen der Mazze, dem ungesäuerten Brot. Das Fest ist bei Kindern sehr beliebt, weil ein Mazzestück versteckt wird, das sie finden müssen.

ABRAHAM GAFNI:

„Die Großeltern waren sehr religiös, für mich hieß das, am Freitagabend mit dem Großvater in den Tempel zu gehen, wir sagten nie Synagoge. Die hohen Festtage haben wir im Tempel mit den anderen Innsbrucker Juden gefeiert; er stand fast am selben Platz wie die neue Synagoge heute, nur im Hinterhof.

Den Sederabend habe ich geliebt und mit Spannung erwartet, das Haus war dann immer voll. Da wird ein Stück vom Mazzebrot versteckt und als Kind musste man es suchen und derjenige, der den Seder führt, muss ihm etwas kaufen, was es will. Beim Seder muss der Jüngste Fragen stellen, meine Geschwister waren noch zu klein, daher machte ich das, als ich im Schulalter war. Das war eine schöne Zeit.

Ich bin in Innsbruck gläubig aufgewachsen, zuhause war alles nach der Regel des jüdischen Glaubens, aber dennoch lebten wir ziemlich frei, die Großeltern waren tolerant. Am Sonntag war ich mit meinen Freunden in

Abraham Gafni vor dem Toramantel, den seine Großeltern 1926 der Kultusgemeinde in Innsbruck gespendet hatten, im Jüdischen Museum Hohenems 1997

Purimfest in Innsbruck 1934. Links außen mit Bart Erich Weinreb, darunter sein Bruder Poldi und Gitta (2.v.l.). Rechts von Erich: David Schrager; rechts oben, ebenfalls mit einem Davidstern auf der Kappe, dessen Bruder Paul

Der Toramantel ist der einzige Kultgegenstand, der die Zeit des Nationalsozialismus schadlos überstand. In der eingestickten Widmung ist zu lesen: „Eine Herzensgabe des Mitglieds R. Meir Sev Turteltaub und seiner Frau, der lieben Malka, sie möge leben, Innsbruck 686". Sev ist das hebräische Wort für Wolf. Die Jahreszahl 686, verkürzt für das Jahr 5686 des jüdischen Kalenders, steht für das Jahr 1926.

der Kirche, ich hatte alles doppelt, die jüdischen Feiertage und die christlichen Feiertage, die jüdischen Feiertage
daheim oder im Tempel und die christlichen bei meinen
Freunden, so war es. Ich erinnere mich an Gespräche
meiner Freunde, die hatten manchmal Schwierigkeiten
mit ihrer Religion. „Du, die Mutter hat mir gesagt, ich
muss beichten. Aber was soll ich sagen." Sagt ihm der
andere: „Du sagst einfach, du hast unkeusch gesprochen."

*Verkleidung, Umzüge und eine ausgelassene Stimmung prägen den
Charakter des Festes, das dem Fasching ähnelt. Purim ist ein freudiger
Gedenktag zur Erinnerung an die Errettung des jüdischen Volkes in
Persien.*

Alle Fotos, die das Geschäft der Familie Turteltaub zeigen, sind verloren gegangen.
Die Detail-Vergrößerung der Aufnahme des Hauses Defreggerstraße 12 lässt die äußere
Gestalt des Warenkredithauses Fortuna nur vage erahnen.

ERICH WEINREB: KINDHEIT IN PRADL

Bis 1904 war Pradl eine Fraktion von Amras, eng aneinander gereihte kleine Bauernhäuser lagen inmitten weiter Felder. Die unverbauten landwirtschaftlich genutzten Flächen weckten die Begehrlichkeit der Stadt Innsbruck, die im letzten Drittel des 19. Jahrhundert einen starken Bevölkerungszuzug erlebte und neuen Wohnraum schaffen musste. 1904 wurde Pradl von Amras getrennt und in die Landeshauptstadt eingemeindet. Der Wandel von einer kleinen bäuerlichen Siedlung zu einem rasch wachsenden Stadtteil, in dem sich Gewerbe- und Industriebetriebe, aber auch immer mehr Arbeiterinnen und Arbeiter ansiedelten, beschleunigte sich. Die Bevölkerung stieg zwischen 1870 und 1910, als sich die Familie Turteltaub in Pradl niederließ, von 800 auf 4.650 Männer, Frauen und Kinder. 1935 lebten bereits 13.700 Menschen in diesem aufstrebenden Stadtteil mit seinen neu errichteten Straßenzügen und Zinshäusern. Die Defreggerstraße, in die Wolf und Amalie Turteltaub mit ihren Kindern zogen, war 1903 eröffnet worden.

Die dynamische Entwicklung in Pradl spiegelte sich in der Infrastruktur wider: Im September 1908 segnete der Abt von Wilten die im frühromanischen Stil neu erbaute Pfarrkirche

zu „Unserer Lieben Frau Mariä Empfängnis" und im gleichen Monat nahm die ebenfalls neu errichtete Pradler Volksschule, eine Doppelschule für Knaben und Mädchen, ihren Betrieb auf. Seit 1901 betreute das mit der Pfarre verbundene Pradler Jugendheim die schulentlassene Jugend in einem Haus in der Reichenauer Straße 15, in dem auch der Pfarrkindergarten untergebracht war.

Amalie und Wolf Meier Turteltaub mit Tochter Ella und Hund Rolfi in der Laube im Garten ihres Hauses

Die Errichtung der ersten Stahlbetonbrücke über die Sill sicherte den verkehrsmäßigen Anschluss: Am 30. Dezember 1911 fuhr erstmals die Linie 3 der Straßenbahn von der Innenstadt nach Pradl. 1925 eröffnete der Sportplatz Tivoli, zwei Jahre später ersetzte der Rapoldipark die Kriegsschrebergärten und 1928 war das Städtische Hallenbad in der Amraser Straße fertig gebaut.[3]

ABRAHAM GAFNI:

" Unsere Wohnung mit den vier Fenstern zur Straße war im ersten Stock in der Defreggerstraße 12. Zum Hof hinaus hatten wir eine durchgehende Terrasse, es gab ein Badezimmer und eine große Wohnküche mit Holzboden und einen Herd, an dem die Großmutter immer gestanden ist und für uns gekocht und gebacken hat. In der Küche war auch ein kleiner Gasherd, das war damals etwas Besonderes. Das Klavier stand im Gästezimmer.

Julius Schrager, der Bruder meiner Großmutter, wohnte mit seiner Frau Sali und seinen Söhnen David und Paul im selben Haus. Die anderen Wohnungen waren vermietet: an die Familie Senft im dritten Stock und an die Familien Cincelli und Nassivera im vierten Stock.

Hansi Senft und Walter Cincelli sind mit mir in die Schule gegangen, sie waren gute Freunde.

Die meiste Zeit war ich mit meinem Bruder Poldi zusammen. Da er jünger war als ich, hat er mit unserer kleinen Schwester gespielt. Ich war mit meinen Freunden im Rapoldipark, in unserem Hof oder Fußball spielen auf der Wiese ums Eck, die es heute nicht mehr gibt. Wir waren immer beschäftigt.

Unser Hof, eigentlich ein Garten, war sehr schön, mit einer Laube, einem Springbrunnen mit Goldfischen und einigen Bäumen – einem Pfirsichbaum, zwei großen Kirschbäumen mit roten und schwarzen Kirschen. Ich habe oft einen Schulfreund zum Mittagessen mit nach Hause genommen. Viele Kinder im Arbeiterbezirk Pradl waren ja arm, die haben dann bei uns kräftig zugelangt. Großvater hat sich gewundert, was wir im Garten machten. Wir haben nämlich Krieg gespielt und Schützengräben ausgehoben.

Ich war jeden Tag im Geschäft im Parterre. Es war nichts Besonderes zu sehen, ein rechteckiges, langes Pult und alles vollgeräumt mit Ware. Den ganzen Tag herrschte ein Kommen und Gehen, da war ich neugierig, und ich glaube, der Großvater hat mir dieses und jenes erklärt, aber sonst hat mich im Geschäft als Kind nichts speziell interessiert. Großvater verkaufte im Geschäft Kleidung – Stoffe, Anzüge, Schuhe und vieles mehr. Julius Schrager hat ihm geholfen. Er hatte die Angewohnheit, die Schillinge und Groschen hoch aufzutürmen. Wenn er nicht aufgepasst hat, haben wir alles umgeschmissen.

Ich habe Onkel Fritz begleitet, wenn er zu Monatsbeginn das Geld einkassiert hat, das uns die Leute geschuldet haben, weil sie die Waren auf Pump gekauft haben. Darum hieß der Betrieb auch Warenkredithaus Fortuna. Beim Kassieren mussten wir uns beeilen, weil den Leuten das Geld schnell ausgegangen ist. Onkel Fritz war mein Lieblingsonkel, er hat mir alles gekauft, was ich wollte. Wenn wir durch Innsbruck spaziert sind und wir seine Freunde getroffen haben, musste ich sagen: „Papa, kauf mir das." Und die Freunde: „Ja Fritz, du bist verheiratet?" – „Das ist mein Jüngster." Mit Onkel Fritz gab es immer etwas zu lachen und er hatte so viele gute Freunde, alles christliche

Kundschaft. Er war auch ein prima Koch und hat uns oft etwas Gutes zubereitet. Er durfte an den Herd, bei ihm hat die Großmutter eine Ausnahme gemacht.

Die Großmutter hat mich oft zum Donald geschickt, einen Lebensmittelladen in der Defreggerstraße, um

Fritz Turteltaub,
der Lieblingsonkel
Erichs, um 1935

①

②

③

④

DEFREGGERSTRASSE

Mehl, Reis, Zucker, Milch, Brot und Käse einzukaufen. Der Kaufmann wickelte alles in Zeitungspapier ein. Schräg gegenüber an der Ecke Körnerstraße/Defreggerstraße war das kleine Geschäft von Albin Chiste, dort gab es Schreibwaren und Spielsachen. Alles, was ich für die Schule gebraucht habe, konnte man dort kaufen: Griffel, Tafel und Schwamm, der an einer Schnur befestigt aus der Schultasche herausgeschaut hat. Am liebsten habe ich Katz im Sack um zehn Groschen gekauft.

Vor unserem Haus ist die Straßenbahn vorbeigefahren, aber wir sagten damals alle nur Elektrische. Wir machten uns einen Spaß und legten einen Nagel auf die Schiene, den die Elektrische platt gedrückt hat wie einen Schi. Die Nagelspitze haben wir aufgebogen, und so hatten wir ein Schiwapperl, ein Abzeichen zum Anstecken.

Vor dem Haus haben wir oft mit dem Totzn gespielt und um ein Geldstück gebettelt: „Bitt'schen, der Herr, setz'n S' an Groschn ins Greasl, mei Totzn singt wia a Tannenmeasl!" Wer die Münze mit dem Kreisel, also mit dem Totzn, aus dem aufgezeichneten Kreidekreis rausgespeckt hat, war der Sieger.

An der Ecke Defreggerstraße/Amraser Straße war das jüdische Geschäft vom Graz. Nicht nur wir, alle in Innsbruck haben vom Graz-Eck gesprochen. Davor, wo heute die Defreggerstraße und Amraser Straße parallel verlaufen und das Amraser Hallenbad steht, war die Graz-Wiese, auf der wir Fußball gespielt haben. Die Elektrische ist zu dieser Zeit nur einspurig gefahren. Da war auch eine Tabak-Trafik und der Großvater hat zu mir gesagt: „Lauf in die Tabak-Trafik und kauf ein Paket Memphis." Im Hallenbad wollte mir mein Cousin Aldo Schwimmen lernen, aber ich war zu feige. Ich bin lieber mit dem Paternosteraufzug im Bad auf und ab gefahren.

Ein paar Meter weiter ist die Sill geflossen, die sieht man ja heute noch, aber damals gab es einen kleinen Wasserfall und der Rolfi, unser Wolfshund, ist da in die Sill gesprungen, wenn einer meiner Cousins einen Stock hineingeworfen hat. Ungefähr dort, wo das Einkaufszentrum Sillpark ist, war eine Schlucht mit Kastanienbäumen, wo wir mit den Mairangger, den Maikäfern, gespielt haben. Im Winter haben sich die Männer beim Eisstockschießen vergnügt, wir Kinder sind oben gestanden und haben zugeschaut.

In meiner Kindheit hat Pradl wie ein Dorf ausgesehen, überall waren Grünflächen; zum Spielen hatte ich nicht nur die Graz-Wiese. Von unserem Haus aus gab es nach vorne einen schönen Blick auf den Rapoldipark und nach hinten auf eine Wiese und den Verbandsplatz, das war ein Fußballplatz ohne Tribünen. Wenn ein Spiel stattgefunden hat, konnte ich das von daheim aus verfolgen. Aldo war ein sehr guter Fußballspieler, der Meisterschaft spielte bei Herta gegen die IAC Jugend, dem Innsbrucker Athletic Club. Er war in bester Beziehung mit den Leuten von den Eisenbahnerhäusern. In seiner Begleitung habe ich mich stark gefühlt, er war fast ein Meter neunzig groß und alle hatten vor ihm Respekt. Einmal bin ich hinterm Tor gestanden und habe gehört, wie sich ein paar ältere Burschen miteinander unterhalten haben, als die gegnerische Mannschaft gerade angegriffen hat. Der eine ist gleich nervös geworden, der andere hat ihn beruhigt: „Ihr wisst, wer das ist. Die kommen nie durch bei unserem Stopper." Das war der Aldo.

Erichs Cousin Aldo (kniend 1. Reihe links außen) im Kreis seiner Fußballkameraden

① *Unverbauter Leipziger Platz mit Defreggerstraße während des Ersten Weltkrieges. Im Hintergrund sind die Wiesen und Felder erkennbar, welche die Pradler Kinder als Spielplatz nutzten.*

② *Postkarte aus den 1930er Jahren: Blick vom Nordwesten auf die Grünanlagen des Rapoldiparks*

③ *Der Rapoldipark mit dem Gaswerk von der Körnerstraße aus gesehen im Jahr 1931*

④ *Blick auf die Volksschule und die Pfarrkirche Pradl, undatiert*

⑤ *Volksschule und Pfarrkirche Pradl in der Zwischenkriegszeit*

⑥ *Pradler Brunnen mit dem heiligen Florian um 1950. Der Brunnen, das Haus und das Gebäude im Hintergrund haben sich bis heute kaum verändert.*

Mein Weg zum Kindergarten und zur Schule hat beim Rapoldipark vor dem Haus angefangen. Nur waren die Bäume vor 80 Jahren noch ganz klein und der Park halb so groß, weil sich in seinem hinteren Teil ein Gaskessel befunden hat. Manchmal war er hoch, dann wieder niedrig. Der Park war viel einfacher angelegt als heute: ein paar Bänke, eine Trauerweide beim Eingang, ein hohes Gebüsch und dahinter der Gaskessel.

Als Kinder sind wir nicht durch den Park gegangen, sondern der Straße entlang zur Pradler Kirche und gegenüber war schon die Volksschule am Pradler Platz, da hat sie noch nicht Leitgebschule geheißen. Vom Haus der Großeltern bis zur Schule war man in fünf Minuten, zum Kindergarten hat es etwas länger gedauert. Da bin ich an der Schule vorbei in die Pradler Straße zum Brunnen des heiligen Florian, der ist wie früher, aber hier war eine riesige Wiese mit einigen wenigen kleinen Häusern mit Gärten und ich bin einfach mit meinen Freunden am Brunnen vorbeigegangen und schon waren wir im Pfarrkindergarten.

Wir sind durch die Schmuckgasse gegangen, aber diese vielen Häuser gab es damals nicht und schon gar nicht die Reichenauer Straße mit dem starken Verkehr. Nur Grün, Wiesen und Gärten. Woran ich mich noch sehr gut erinnere, das ist die Herbstmesse beim Flugplatz in der Reichenau, da gab es den finnischen Riesen, zwei Meter groß, ein Ringelspiel und eine Schaukel.

In Innsbruck konnte man in keinen jüdischen Kindergarten gehen, also haben mich die Großeltern in den Pfarrkindergarten geschickt. Hinter dem Kindergarten war ein Waisenhaus und davor ein großer Fußballplatz, jetzt ist er viel kleiner, weil dort nun Häuser stehen. Niko hat mir erzählt, dass die Nazis hier Wohnungen für Offiziere gebaut haben.

Ich war das einzige jüdische Kind, aber das machte überhaupt keinen Unterschied. Die Kindergärtnerinnen waren alle Nonnen. Ich werde meine Kindergärtnerin Schwester Marta nie vergessen, sie war sehr nett. Und ich hatte nie das Gefühl, dass ich anders bin als die anderen Kinder. Ich erinnere mich gut, dass die Schwester zu mir gesagt hat: „Liebes Kind, wenn du nicht willst, musst du nicht mitbeten." Aber ich habe mitgebetet, das war kein Problem, ich habe alles gemacht, was die anderen Kinder auch gemacht haben, da war kein Unterschied.

Auch an die Schule habe ich bis kurz vor dem Einmarsch keine schlechten Erinnerungen. In der ersten Klasse war ich in Wien, vom Herbst 1935 bis März 1938 in der Volksschule Pradl. Mein Lehrer hieß Fritz Vill, ein ausgezeichneter Lehrer. Alles, was ich aus der Schule weiß, habe ich von ihm gelernt. Nach der Flucht nach Palästina war es nicht mehr so weit her mit der Schule. Heute noch fällt mir manchmal ein, was Fritz Vill zu uns gesagt hat.

Mit dem Hansi Senft aus unserem Haus bin ich in dieselbe Klasse gegangen, Walter Cincelli, der auch in der Defreggerstraße 12 gewohnt hat, war in der Parallelklasse. Ich habe in den Schulkatalogen nachgeschaut, in der 2b waren wir 53 Schüler, in der vierten Klasse 46, alles Buben. Mit mir war noch ein jüdischer Schüler in der Klasse, der Ernst Heuer, mit dem bin ich in derselben Bank gesessen. Ich habe ihn immer Ernstl gerufen, er war ein guter Freund, ansonsten waren alle meine Freunde Christen. Ernst Heuer lebt noch, ich habe ihn vor Kurzem in Israel angerufen, aber er hat gesagt, er kann sich an nichts mehr erinnern. Er hat unter dem Namen David Ben-Dor ein Buch über die Ermordung seiner Eltern und seines Bruders geschrieben: Die schwarze Mütze.

115

Nr.	Name (geistige)	Geburt / Schule / Klasse	Religion etc.	Vater (Beruf / Wohnung)	Zeugnis	
37	**Stefl** Johann, geboren am 13. Okt. 1926 zu Innsbruck in Tirol. Religion: r. kath. Muttersprache: deutsch. Staatsbürgerschaft: Österr. Zuständig in Göttlesbrunn, Niederösterreich. Geimpft im Jahre	14.9.1933, Spradlersh. — 14.9.1933 — 16.9.1937 — 5. /	Matthias St., Schlosser — Pfarrplatzstr. 17	1.	2	2
					2.	2	2
				Entlassungszeugnis / Abgangszeugnis			
38	**Steinhauser** Ludwig, geboren am 22. Mai 1928 zu Wien in Wien. Religion: r. kath. Muttersprache: deutsch. Staatsbürgerschaft: Österr. Zuständig in Wien. Geimpft im Jahre	17.9.1934, Spradlersh. — 17.9.1934 — 16.9.1937 — 4. /	Dr. Ludwig St., Direktor — Defreggergasse 25	1.	1	
					2.	1	
				Entlassungszeugnis / Abgangszeugnis			
39	**Volderauer** Josef, geboren am 11. März 1928 zu Matrei a. Brenner in Tirol. Religion: r. kath. Muttersprache: deutsch. Staatsbürgerschaft: Österr. Zuständig in Hötting. Geimpft im Jahre	17.9.1934, Spradlersh. — 17.9.1934 — 16.9.1937 — 4. /	Josef V., Gastwirt — Pradlerstr. 8	1.	1	
					2.	1	
				Entlassungszeugnis / Abgangszeugnis			
40	**Weinreb** Fritz, geboren am 23. Aug 1928 zu Innsbruck in Tirol. Religion: israelitisch. Muttersprache: deutsch 116. Staatsbürgerschaft: ... Zuständig in ... Geimpft im Jahre	17.9.1934, Wien — 16.9.1935 — 16.9.1937 — 4. /	Leo W. Kaufmann — wohnt beim Großvater Max ... Defreggergasse 12	1.	1	
					2.	1	
				Entlassungszeugnis / Abgangszeugnis			

In der Schule ging es anders zu als heute. Die Lehrer hatten ein Rohrstaberl und damit haben sie kräftig geschlagen. Warst du besonders schlimm, gab es auch einen vierkantigen Stock, mit dem man Stoff gemessen hat. Der Lehrer hat den Kopf des Kindes zwischen die Beine genommen und dann mit dem Stock auf den Hintern geschlagen. Damals waren andere Zeiten. Wenn das Kind daheim erzählt hat, dass es in der Schule vom Lehrer Schläge bekommen hat, dann setzte es zuerst Haue und erst dann hat man gefragt: „Was hast du getan?" Der Lehrer hatte immer Recht. So war das.

Ich erinnere mich, einmal im Winter sind wir aus der Schule hinausgelaufen, haben einen riesigen Schneeberg gemacht und sind dann immer wieder hinuntergerutscht. So ist die Zeit vergangen und nach zwei Stunden ist der Großvater gekommen und hat mich an den Ohren heimgezogen. Das war die Volksschule Pradl.

Eintrag im Schulkatalog 1937/38: Erich Weinreb, geboren am 23. Aug. 1928 zu Innsbruck in Tirol. Religion: israelitisch. Muttersprache: deutsch. Staatsangehörigkeit: keine. Eingeschult: 17.9.1934 Wien. Aufnahme in die Volksschule Pradl: 16.9.1935. Beginn des Schuljahres: 16.9.1937, 4. Klasse. Eltern: Leo W. Kaufmann; wohnt beim Großvater Max Turteltaub Defreggerstr. 12

ENTRECHTUNG UND DEMÜTIGUNG

Der Einbruch der Weltwirtschaftskrise wirkte sich auf das Geschäft des Warenkredithauses Fortuna negativ aus. Die Menschen mussten sparen und ganz besonders die Arbeiterinnen und Arbeiter in Pradl. Bis zur Machtübernahme der Nationalsozialisten blieb die Arbeitslosigkeit auf hohem Niveau.

Wolf Meier Turteltaub versorgte mit seiner Gattin Amalie nicht nur erwachsene Kinder und Enkelkinder in seinem Haushalt, er unterstützte auch seinen Sohn Edmund und seine Schwiegersöhne Ernst Reichmann und Salo Scharf in ihren Bemühungen, als Selbstständige Fuß zu fassen. In den 1930er Jahren geriet Wolf Meier Turteltaub in finanzielle Schwierigkeiten. Er tat sich zunehmend schwerer, die vorgeschriebenen Steuern zu begleichen. So musste er Kredite aufnehmen: kleinere bei der Republik Österreich und Max Graz, einem jüdischen Geschäftsmann, größere bei der Hauptbank für Tirol und Vorarlberg. Die Sparkasse der Stadt Innsbruck besaß seit Juni 1933 ein Vorkaufsrecht auf das Haus. Nach seinen Erhebungen stellte der Stadtmagistrat Innsbruck 1936 fest:

„Wolf-Meier-Turteltaub Max, Defreggerstrasse Nr. 12 wohnhaft, ist vermögenslos, verehelicht und hat für seine Frau Amalie, seinen stellenlosen 27jährigen Sohn Fritz, für 3 Enkelkinder seiner verstorbenen Tochter im Alter von 4 bis 9 Jahren, für seine geschiedene Tochter Eva Alloggi sowie für deren 15jährigen Sohn zu sorgen. Er ist Inhaber des Kreditwarenhauses ‚Fortuna' und wurde ihm infolge schlechten Geschäftsganges seit dem Jahre 1934 die Mindeststeuer vorgeschrieben. Der monatliche Umsatz beträgt nach Angabe des Turteltaub ungefähr 2000 S, wovon 18 bis 20 % als sein Verdienst bezeichnet werden können.

Frau Amalie Turteltaub ist Besitzerin des Hauses Defreggerstrasse Nr. 12 und ist dieser Besitz mit einer Hypothek von 47.000 S belastet. Dieser Betrag muß mit 9 % verzinst werden. Der Schätzwert des Hauses ist 95.000 S und betragen die Einnahmen aus den vermieteten Wohnungen monatlich 301 S.

Infolge der Rückstände der aufgelaufenen Zinseszinsen für die angeführte Hypothek muß Turteltaub monatlich eine Abzahlung von 400 S leisten.

Turteltaub hat außerdem für die Erwerbs- und Einkommensteuer einen Steuerrückstand von 3000 S zu begleichen und befindet sich die genannte Familie nicht in den besten Verhältnissen."[4]

Am 25. Jänner 1938 verkaufte Amalie Turteltaub Haus und Garten an den Innsbrucker Rechtsanwalt Anton Cornet und seine Frau Tilde um 78.000 Schilling, also um einen Betrag, der deutlich unter dem vom Stadtmagistrat genannten Schätzwert von 95.000 Schilling lag. Nach Abzug der Schulden und Gebühren verblieben Amalie und Wolf Meier gerade noch an die 20.000 Schilling.[5]

ABRAHAM GAFNI:

,, Als Kind habe ich von einer antisemitischen Stimmung nichts mitbekommen, in der Schule und im Kindergarten ist alles normal verlaufen. Obwohl uns die Nazis einen Böller ins Stiegenhaus geworfen und eine Steintreppe kaputt gemacht haben. Aber ich kann mich erinnern und das kommt mir heute noch so komisch vor: Über Nacht hing plötzlich aus jedem Fenster eine Hakenkreuzfahne und ich denke mir oft, wie hat man das alles vorbereitet?

Dann ist alles so schnell gegangen, ich musste raus aus der Schule und die Nazis marschierten auf und ab, auch vor unserem Haus und schrien: „Wer bei Juden kauft ist ein Volksverräter" und noch so ähnliche Sachen. Dann sind sie gekommen, die SA; mit den Stiefeln haben sie getrampelt, es war ein Höllenlärm und sie haben das Geschäft des Großvaters mit weißer Farbe beschmiert; „Jude" haben sie auf die Auslagen hinaufgemalt und den Zionstern.

Die Körnerstraße, ums Eck des Warenkredithauses Turteltaub gelegen, im April 1938 mit Hakenkreuzfahnen beflaggt

Wenn ich so daran denke, das ist merkwürdig, ich war nicht verängstigt und für mich als Kind war es so, als ob es mich nicht betreffen würde. Ganz im Gegenteil, mir ist immer vorgekommen, ich gehöre dazu. Mir haben die Marschlieder gut gefallen, ich habe alles mitgesungen, obwohl es gegen Juden war, aber ich habe das nicht so aufgefasst, dass es gegen mich selbst war. Ich habe viele Lieder auswendig gelernt, ich hatte immer schon ein gutes Gedächtnis. Eines ist mir besonders in Erinnerung geblieben: „Es pfeift von allen Dächern, jetzt ist die Arbeit aus, jetzt ruhen die Maschinen, wir gehen jetzt nach Haus. Daheim ist Not und Elend, das ist der Arbeitslohn, Geduld verrat'ne Brüder, schon wanket Judas Thron."

Beim Besuch meiner Schule habe ich in der Chronik gelesen, dass nach dem Einmarsch eine Woche schulfrei war und am 16. März 1938 eine Feier im Musiksaal. Daran kann ich mich nicht erinnern. Aber eines vergesse ich nie. Plötzlich ist ein neuer Lehrer in die Klasse

Die SA kennzeichnete im April 1938 jüdische Geschäfte in Innsbruck, so wie hier das Schuhgeschäft Graubart in der Museumstraße. Vom Warenkredithaus Fortuna der Familie Turteltaub in der Defreggerstraße existiert kein Foto.

gekommen, er war oben am Podium und hat unsere Namen vorgelesen. Jeder ist aufgestanden. Als er mich aufgerufen hat, sagt er: „Erich Weinreb, da haben wir so eine kleine Judensau, komm her du Saujud." Und ich stehe auf und er schmiert mir eine. Ich bin geflogen, ich weiß nicht, bin ich wieder auf meinen Platz oder gleich nach Haus gegangen und nie mehr zurück in die Schule?

Die Reaktion der Kinder, meiner Freunde, als er mich geschlagen hat, die haben gelacht, das waren Kinder, was sollten sie dem Lehrer sagen? „Es ist nicht schön, dass du meinen Freund schlägst?" Niemand hat mehr mit mir geredet, außer zwei Schulfreunde, die im selben Haus wie ich gewohnt haben, der Hansi Senft und Walter Cincelli. Aber alle anderen Kinder – über Nacht hatte ich keine Freunde mehr. Ob das für mich als Kind nicht dramatisch war, fragst du? Ich weiß nicht, ich habe nie darüber nachgedacht, man konnte ja nichts machen.

Die Familie ist nach dem Einmarsch nur mehr wenig ausgegangen. Sie haben oft aus dem Fenster hinausgeschaut und ich bin viel im Hof herumgegangen, habe dort oder in der Wohnung mit meinem Bruder Poldi gespielt, eine Zeit lang hatte ich noch Kontakt mit Walter und Hansi aus dem Haus. Einkaufen bin ich gegangen, denn ich schaute nicht jüdisch aus, wie sich das die Nazis vorstellten. Ich konnte alles machen. Wenn die Juden irgendwo nicht hin konnten, habe ich das erledigt. Angst hatte ich keine, ich war vielleicht noch zu jung, um Angst zu haben.

Der kleine David Schrager, der Sohn des Bruders meiner Großmutter, hat bei uns im Haus gewohnt. Er war nur einen Monat jünger als ich, aber vor ihm hatten nicht nur Gleichaltrige, sondern auch Ältere Angst. Wenn Kinder von der Hitlerjugend vor unserem Haus waren, haben wir das Fenster geöffnet und hinuntergerufen:

„David, pack ihn." Dann sind sie alle, so schnell sie konnten, weggelaufen. David war so klein wie ich, aber er hat vor nichts Angst gehabt. Den haben sie nachher auch umgebracht.

Dann ist die „Kristallnacht" gekommen. Ich sage immer, die tapfersten Männer waren die von der SA und der SS. Die waren so tapfer, dass sie bewaffnet in ein Haus eindringen konnten, in dem alte Menschen und kleine Kinder waren, die sie geschlagen haben, ohne Angst, so tapfer waren sie. Bei uns war es im Vergleich nicht so arg wie bei anderen, sie haben ja niemanden erschlagen. In dieser Nacht sind wir aufgewacht, weil bedrohliches Geschrei zu hören war und die SS- und SA-Männer alles durcheinander geworfen haben. Und dann haben sie meinen Großvater, Onkel Fritz, meinen Cousin Aldo und meinen Großonkel Julius verhaftet und mitgenommen. Das war die Schutzhaft.

David Schrager (links) mit seinen Großcousins Poldi und Erich

Mein kleiner Bruder Poldi hat gesehen, wie die SA-Leute unseren 70-jährigen Großvater misshandelt haben. Ich glaube, ich war irgendwie in einem Versteck, es war damals alles nicht so leicht für mich. Nur Aldo haben sie nach einem Tag wieder rausgelassen, weil er italienischer Staatsbürger war, die anderen blieben ein bis zwei Wochen eingesperrt. „

VERTREIBUNG NACH WIEN –

FLUCHT NACH PALÄSTINA

ABRAHAM GAFNI:

99 Im Dezember 1938 mussten wir von Innsbruck weg. Wir sind einfach nach Wien abgeschoben worden. Die Bahn ist nach Mitternacht gefahren, mein Stiefvater Salo Scharf hat uns begleitet. Die Großeltern, Onkel Fritz und wir Kinder waren im Coupé und haben aus dem Fenster geschaut und ich weiß es wie heute, dass die Großmutter gesagt hat: „Kinder, schaut gut auf Innsbruck, wer weiß, ob ihr das noch einmal sehen werdet." Und so waren wir am nächsten Morgen in Wien und sind dann zu dieser Wohnung. Keine Ahnung, wer das arrangiert hat, ich kann mich aber genau erinnern: Rembrandtstraße 28, gleich beim Augarten, zweiter Bezirk, dritte Stiege, zweiter Stock. Eine Küche, ein Zimmer, Toilette draußen. So war es.

Wenn ich heute darüber nachdenke, frage ich mich, wie das für die Großeltern war. Über 40 Jahre lang ha-

Aus besseren Tagen: Amalie Turteltaub mit ihrer Enkelin Gitta um 1935 im Garten ihres Hauses in Innsbruck

127

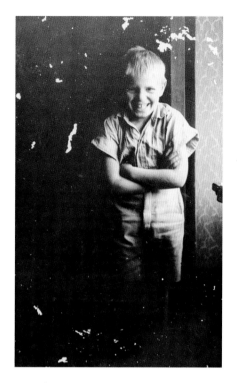

Erich Weinreb und sein Bruder Poldi
Vor ihrer Vertreibung nach Wien im Dezember 1938 nahm Familie Turteltaub zum
Abschied von Innsbruck eine Serie von Fotos auf. Sie zeigen einzeln und in Gruppen die
Familienmitglieder in ihrer Wohnung in der Defreggerstraße.

ben sie hart gearbeitet, sich alles aufgebaut. Und dann von der schönen Wohnung in der Defreggerstraße in das dunkle Loch im Hinterhof, sechs Menschen in einem Raum. Einige Zeit war meine Schwester Gitta in einem Heim für jüdische Kinder untergebracht, aber nicht lange.

Ich habe diese Monate in Wien trotzdem nicht in schlechter Erinnerung. Ich musste nicht in die Schule, nichts lernen, hatte keine Hausaufgaben, und so sind wir viel in der Stadt herumspaziert. Wir haben Großmutters Schwester Tante Regina besucht, meine Cousins und Onkel, die haben am Josefskai gewohnt. Nur haben wir oft zu tun gehabt mit anderen Kindern, Nazikindern. Wenn es brenzlig wurde, habe ich zu meinem Bruder gesagt, lauf nach Hause, ich bleibe. Mit mir hat sich niemand angelegt.

In den letzten 30 Jahren war ich mehr als einmal in der Rembrandt-straße. Beim ersten Besuch bin ich vor das Haus gegangen, aber nicht hinein. Als ich mit meiner Frau wieder dort war, war schon alles abgesperrt. Das waren ja alte Häuser, die musste man abreißen. Es hat mir sehr leidgetan, dass ich das Haus und alles nicht fotografiert habe. Immer wenn ich in Wien bin, fahre ich in die Rembrandtstraße und gehe dort, auch wenn es jetzt ein neues Haus ist, auf und ab, hin und her. Da sind viele Dinge, die ich nicht weiß.

Fast jeden Tag bin ich mit dem Großvater von einem Konsulat zum anderen gelaufen, aber es ist nichts daraus geworden, kein Land wollte uns aufnehmen. Nach Argentinien zum Bruder des Großvaters fahren hat auch nicht geklappt.

Ende Mai hat der Großvater wie aus heiterem Himmel meinen Bru-der und mich zur Donau gebracht, ich war zehn, Poldi acht Jahre alt. Meine sechsjährige Schwester konnte uns nicht begleiten. Heute weiß ich, dass man uns kaum mitnehmen wollte, weil wir zu jung waren. Auf diesem Transport befanden sich ungefähr 60 Kinder, wir gehörten zu den Jüngeren, aber alle waren mit Eltern oder zumindest einem Elternteil und deswegen gab es Schwierigkeiten. Irgendeine Frau hat schließlich gesagt, dass sie auf uns aufpassen wird. Meine Schwester Gitta hätte mit einem Kindertransport nach England fahren können, doch sie ist erkrankt. Großmutter wollte sie im nächsten Kindertrans-port unterbringen, aber da war es schon zu spät.

An den Abschied vom Großvater kann ich mich überhaupt nicht er-innern. Wir haben ja auch nicht an einen wirklichen Abschied gedacht, sondern nur, dass wir irgendwohin fahren, wohin genau haben wir gar nicht gewusst oder was uns erwartet. Ich weiß, dass der Großvater uns zur Donau gebracht hat, aber ich könnte nicht mehr sagen, ob wir mit dem Bus gefahren oder zu Fuß gegangen sind. Ich weiß, da war das Schiff, wir sind auf das Schiff und das war es. 66

Ansichtskarte des D.D.S.G. Salondampfers „Helios". Die Hakenkreuzfahnen und die Aufschrift „Helios" wurden nachträglich auf die Karte montiert.

Die Vertreibung der jüdischen Bevölkerung aus der österreichischen Provinz nach Wien und die Morde, Überfälle, Zerstörungen der Synagogen und Massenverhaftungen im Zuge des Novemberpogroms hatten eines endgültig klar gemacht: Ein normales Leben zu führen war in Österreich als Teil von Hitlerdeutschland nicht mehr möglich. Mehr noch, jetzt ging es ums nackte Leben.

Schon im Juli 1938 trafen im französischen Evian am Genfer See auf Initiative von US-Präsident Franklin D. Roosevelt Abgesandte von 32 Nationen zusammen, um über die jüdischen Flüchtlinge aus Deutschland und Österreich zu beraten. Die Konferenz scheiterte, weil die Bereitschaft fehlte, mittellose Jüdinnen und Juden aufzunehmen. Entweder mangelte es ihnen in den Augen der Regierungen an Wert, weil sie arm waren, über die falschen Qualifikationen verfügten oder sie wurden aus rassistischen Gründen abgelehnt, eben weil sie jüdisch waren.[6]

Immerhin erklärten sich die USA bereit, ihr Flüchtlingskontingent auszuschöpfen, sodass es 1938/39 sogar zu einer Überschreitung der jährlichen Einwanderungsquote kam. Nicht nur 27.000, sondern knapp 38.000 deutsche und österreichische Jüdinnen und Juden konnten in die USA fliehen. England beschloss, rund 10.000 jüdische Kinder aus Österreich, Deutschland und der Tschechoslowakei aufzunehmen. Für einen wesentlichen Teil der Kosten für die Flüchtlinge mussten jüdische Organisationen aufkommen. Ab Dezember 1938 fuhren so genannte Kindertransporte nach England, aber auch nach Holland, Schweden und in die USA. Bis zum Kriegsausbruch im September 1939 konnten so mit Duldung der NS-Behörden an die 9.000 deutsche und österreichische Kinder gerettet werden, doch die Nachfrage überstieg die begehrten Plätze bei Weitem.[7]

So wie Wolf Meier Turteltaub klapperten Tausende die Botschaften und Konsulate in Wien ab, um ein Land zu finden, das ihnen ein Visum für die Einreise ausstellte – allzu oft vergeblich. „Niemand will die Juden", schrieben nationalsozialistische Zeitungen höhnisch.

Ein anderer Weg, Österreich zu verlassen, waren illegale Transporte nach Palästina, die jüdische Organisationen durchführten. Das NS-Regime förderte diese erzwungene Auswanderung bis 1940, um das Deutsche Reich rasch „judenrein" zu bekommen, die Wirtschaft zu „entjuden" und die jüdische Bevölkerung zu berauben. Gleichzeitig verstanden es Nazifunktionäre, sich durch Korruption und Bestechung bei der Gewährung der illegalen Ausreise von Jüdinnen und Juden persönlich zu bereichern.

Wolf Meier Turteltaub schaffte es, seine beiden Enkel Erich und Leopold mit Hilfe der Wiener Sektion des unpolitischen zionistischen Sportverbandes Makkabi auf Flüchtlingsschiffen unterzubringen. Der Wiener Rechtsanwalt Willy Perl, der zur zionistischen Rechten zählte und die Drehscheibe der illegalen Transporte nach Palästina war, die Israelitische Kultusgemeinde in Graz und Makkabi organisierten die Fahrt der „Helios" und der „Liesel", die Erich und Leopold das Überleben sicherte. Dafür waren zahlreiche Verhandlungen mit dem späteren SS-Obersturmbannführer Adolf Eichmann, Leiter der Zentralstelle für jüdische Auswanderung in Wien, und der Gestapo am Morzinplatz notwendig. Am 29. April 1939 verließ der Donaudampfer „Helios" mit 720 Personen an Bord Wien. Um möglichst viele Flüchtlinge mitnehmen zu können, fehlte das Zwischendeck, ein Umstand, der das Schiff instabiler machte. Eichmann hatte auf einen Samstag als Abfahrtstermin beharrt, damit der Transport in der Öffentlichkeit so wenig Aufsehen wie möglich erregte.

Am 4. Mai erreichte das Schiff Galatz in Rumänien, die Passagiere wurden auf die „Liesel" umgeschifft, einen ehemaligen Viehtransporter, den Joshua Torczyner von Makkabi in Griechenland gechartert und für rund 1.000 Personen ausgebaut hatte. Ursprünglich sollte die „Liesel" in Triest auslaufen, doch die Hafenbehörden hatten wegen Sicherheitsbedenken nur 600 Menschen zulassen wollen. Torczyner hatte sich daher dafür entschieden, die Flüchtlinge über die Donau zu einem Schwarzmeerhafen zu bringen. Als die „Liesel" Sulina unter der Flagge Panamas am 17. oder 23. Mai verließ, waren 576 Frauen, 295 Männer und 50 Kinder auf dem Schiff zusammengepfercht. Unter diesen 921 Personen befanden sich 200 steirische Jüdinnen und Juden, eine ebenfalls 200 Menschen umfassende ungarische Gruppe der rechtsgerichteten zionistischen Betar-Jugend, aber auch sehr viele Staatenlose, die vor ihrer Abschiebung aus dem Deutschen Reich oder ihrer Einweisung in ein Konzentrationslager standen.[8]

Auf dem Schiff befanden sich auch Arthur Goldenberg und sein Sohn Fritz aus Innsbruck, doch Erich und Poldi hatten davon keine Kenntnis; erst nach der Ankunft in Haifa traf man sich. Für die nicht ungefährliche einmonatige Reise mussten die Passagiere je nach Einkommen zwischen 200 und 1.300 Reichsmark bezahlen. Zum Vergleich: Ein junger beamteter Lehrer einer Höheren Schule verdiente in Tirol monatlich weniger als 500 Reichsmark. In einem Bericht an das „Immigration-Department" in Palästina hieß es: „Es darf festgestellt werden, dass die Leute auf dem Schiff keinen Hunger litten, sondern nur unter der furchtbaren Enge.[9] Weiters merkte der Bericht über das mit Menschen überladene Schiff, das eigentlich für den Transport von Rindern bestimmt war, an: „Der Gestank nach dem Vieh ist auf dem Schiff bis heute spürbar."[10]

Großbritannien hatte seit 1917 unter dem Mandat des Völkerbundes die Verwaltung Palästinas inne. Die Briten arbeiteten auf die Schaffung eines jüdischen und eines arabischen Staates hin, doch Unruhen und Aufstände in der arabischen Bevölkerung wegen der hohen jüdischen Zuwanderung setzten sie unter Druck. Genau zu dem Zeitpunkt, als Erich und Leopold auf dem Schiff

An Bord der „Liesel" auf dem Weg nach Haifa, Ende Mai 1939. Erich Weinreb mit halb verdecktem Gesicht in der dritten Reihe oberhalb des Jungen mit Mütze und in Lederhose. Poldi links des Mädchens im weißen Kleid. Er war zu diesem Zeitpunkt 130 cm groß.

nach Palästina unterwegs waren, traten rigorose Maßnahmen zur Begrenzung der jüdischen Immigration in Kraft.

Im Vergleich zu anderen Transporten war die Reise von relativ kurzer Dauer. In der Nacht vom 1. auf den 2. Juni 1939 kurz vor Mitternacht brachte die britische Hafenmarine das illegale Schiff mit Erich und Leopold auf, ließ es aber in Haifa einlaufen.[11] Die Flüchtlinge waren keinen Moment zu früh gelandet, sie kamen frei und nicht wie viele andere in Haft oder wie ab 1946 in speziell eingerichtete Lager in Zypern. Lediglich der Kapitän musste eine neunmonatige Haftstrafe verbüßen.[12]

,, Am Donaudampfer „Helios" hat man uns eine Kabine
mit so vielen Menschen zugeteilt, dass wir am Boden
gelegen sind. In der ersten Nacht musste ich auf die
Toilette und bin auf eine Frau hinaufgetreten, daran
erinnere ich mich noch genau. Du warst nie allein, nicht
bei Tag und bestimmt nicht bei Nacht. Und so gab es nie
eine Gelegenheit, Angst zu haben, man war immer in
Gesellschaft.

Da waren wir auf der Donau, zwei Wochen ungefähr,
von Wien über die Tschechoslowakei, Ungarn, Jugosla-
wien, Bulgarien, Rumänien. Dann sind wir angekommen
und waren in Sulina an der Mündung der Donau ins
Schwarze Meer.

*Brief des Makkabi
Wien an Erich
Weinreb und Poldi
Scharf nach ihrer
erfolgreichen Lan-
dung in Haifa*

Den ganzen Tag sind wir auf der „Helios" herumspaziert, haben die Gegend angeschaut und genau aufgepasst, wohin wir fahren. Das war alles sehr interessant. Wir waren die Berge gewohnt und nun die Donau
und das weite Meer, das war etwas ganz anderes. Es war
eine Abenteuerfahrt, es war lustig und jeder Tag war
eine Abwechslung. Wir waren immer beschäftigt.

Man sagte uns, wir fahren nach Palästina. Das war
für mich, wie alt war ich, zehn Jahre, einfach eine Fahrt.
Was hätte ich unter Palästina verstehen sollen? Ich hatte
keine Erwartung, was da auf mich zukommt, überhaupt
nicht. Ich habe auf meinen kleinen Bruder aufgepasst,
damit er nicht verloren geht, er war immer bei mir. Bis
zuletzt hat Poldi mir immer wieder gesagt, wenn du
nicht gewesen wärst, wäre ich schon lange tot.

Als wir in Sulina eingetroffen sind, kam ein weiteres
kleines Schiff mit ungarischen Juden und dann hat man
uns mit Booten auf einen Frachter gebracht, auf einen
alten Kohlendampfer, auf die „Liesel". Da waren Holz-

MAKKABI WIEN מכבי וינה

JÜDISCHER TURN- UND SPORTVEREIN
WIEN, I. SALZGRIES 12/5   TELEFON U 23 3 49

Unser Zeichen: Leitung - Ing.F/LM

betrifft: ....

WIEN, am 20.Juni 193 9

Herrn
Erich Weinreb und Poldi Scharf
Bath Olim,b.Herrn Dostrowsky,
H a i f a

Liebe Kinder   !

Ich bin sehr glücklich,dass Ihr ohne viel mitmachen zu müssen,in Erez
gelandet seid.
Wir haben lange und immer die Daumen gehalten,dass Euch nichts passiert.
Eure Grosseltern sind öfters zu mir gekommen,um sich zu erkundigen,wo
Ihr momentan seid. Endlich haben wie erfahren,dass alles gut ausgegangen ist. Nun ist auch von Euch und Eurer Tante das Schreiben gekommen.
Es ist sehr lieb von Eurer Tante,dass sie um Euch und für Euch sorgen
will.
Dem lieben Herrn Dostrovsky sagt,dass ich mich persönlich für die.lie-
benswürdige Aufnahme,die Ihr bei ihm gefunden habt,auf das Herzlichste
bedanke.

Wenn ich,so Gott will-, in zwei Monaten in Erez sein werde,will ich
Euch aufsuchen und schauen,wie es Euch geht. Wenn ich schon beim Be-
danken bin,so gebt auch der lieben Frau Kammermann ein Stückchen meines
Dankes für die Betreuung auf dem Schiff weiter. Ihre Mutter war gestern
bei mir und lässt grüssen.

Der ganze Makkabi schickt Euch seine.aufrichtigsten Wünsche und Grüsse.

S c h a l o m

MAKKABI WIEN
Jüdischer Turn- u. Sportverein
I., Salzgries 12

An Tante Eva die schönsten Grüsse !

pritschen, vielleicht vier oder fünf Stock hoch, dort hat man uns hingelegt, meinen Bruder und mich. Von Rumänien bis Palästina waren wir noch einmal so ungefähr zwei Wochen unterwegs. Ich weiß, dass die Schiffe vom Makkabi organisiert waren, weil ich von ihnen einen Brief bekommen habe: „Gott sei Dank seid ihr gut angekommen." Den habe ich noch. Aber sonst hat das alles der Großvater in die Wege geleitet, wir Kinder haben ja nichts gewusst.

Vor Palästina sind wir zwei oder drei Nächte die Küste auf und ab gefahren und haben auf irgendein Lichtzeichen gewartet, damit wir an Land kommen können und uns die Engländer nicht entdecken. Heute weiß ich, die Engländer wussten schon seit unserer Abfahrt von Rumänien, dass wir unterwegs waren. Sie haben uns gefasst, aber zu unserem Glück haben sie uns nach Haifa gebracht und vom Schiff hinuntergehen lassen. Jahre später habe ich erst erfahren, dass die Engländer eine Quote hatten, wie viele Juden sie nach Palästina hineinlassen. Wir wurden von der Quote abgezogen. „

ERMORDUNG UND RETTUNG

Bis zum Kriegsausbruch am 1. September 1939 konnten Wolf Meier und Amalie Turteltaub von ihrem Zwangsaufenthaltsort in Wien aus mit ihren Kindern, die nach Italien, Palästina, England und in die Tschechoslowakei geflohen waren, aber auch mit ihren Enkeln Erich und Poldi in Palästina brieflich Kontakt halten. Ein Teil der Korrespondenz ist erhalten geblieben. Die meisten Briefe nach Palästina waren an die Adresse von Eva Alloggi und ihrem Sohn Aldo gerichtet, der Tochter und dem Enkel von Wolf Meier und Amalie Turteltaub. Von der Existenz der meisten dieser Briefe wusste der kleine Erich Weinreb bzw. der erwachsene Abraham Gafni bis Ende der 1990er Jahre nichts. Maria Luise Stainer machte ihn darauf aufmerksam, nachdem sie davon von der Ehefrau Aldos erfahren hatte. Doch erst nach dessen Tod im Jahre 2000 las Abraham Gafni den umfangreichen Schriftverkehr seiner Großeltern, den er schließlich Maria Luise Stainer übergab. Ihr Bruder Karl transkribierte die in Sütterlin (Kurrent) abgefassten Briefe. Warum Aldo Alloggi diese Briefe vor seinem Cousin geheim hielt, ist nicht bekannt. Naheliegend ist, dass er Abraham Gafni, mit dem er von Kindesbeinen an in einem innigen Verhältnis stand, vor der psychischen Belastung, welche die Lektüre der Briefe auslösen würde, schützen wollte.

Erich Weinreb hatte als Kind nicht nur die Trennung von den Großeltern, seinen Freunden und seinem gewohnten Milieu zu verschmerzen, er musste nicht nur weitgehend alleine auf sich gestellt in einem ihm völlig unbekannten Land ein neues Leben beginnen und eine ihm fremde Sprache lernen, seit der Überfahrt von Wien nach Haifa trug er auch die Verantwortung für seinen um zwei Jahre jüngeren Bruder Poldi. Sein Großvater, der sich sein Leben lang um die Großfamilie gekümmert hatte, rief ihm diese Verantwortung in seinen Briefen wiederholt in Erinnerung. So schrieb er:

„Besonders freut es mich, daß Du endlich, Gott sei Dank, meine Worte und Ermahnungen befolgst. Es ist zwar die höchste Zeit dazu, denn Du bist kein Kind mehr, sondern ein erwachsener Junge, und mußt wissen, daß du nicht nur für Deine Zukunft zu denken hast, denn Du hast auch die Pflicht, für Deinen jüngeren Bruder Dich zu kümmern, daß er (...) fleißig lernt und stets brav sein soll, denn Ihr seid in der Welt allein, die Großeltern, die bis nun für Euch gesorgt haben, sind weit von Euch entfernt, die einzige Stütze Euer ist der Glaube an den lb. Herrn Gott, daß er Euch nicht verlassen möge."

Noch mehr als der Großvater appellierte die Großmutter darauf, Gott zu vertrauen:

„Meine lieben Kinder! (...) Der l. Gott soll helfen, Ihr sollt nur immer nur Gutes schreiben können. Das ist mein einziger Wunsch. Der l. Gott sorgt schon für einen jeden. Trachtet jetzt, gute Kinder und gute Juden zu sein, dann wird Euch der l. Gott nie verlassen."

Demütigung, Entrechtung, Existenzvernichtung, Abschiebung, Heimatverlust und Deportation waren die Etappen, die das Leben der Großeltern und einiger ihrer Kinder, Enkelkinder und sonstiger Verwandter und Bekannter nach 1938 bis zur physischen Auslöschung bestimmten. Die Briefe der Großeltern und die in krakeliger Schrift verfasste Kurznachricht der kleinen Gitta an ihre Brüder Erich und Poldi lassen uns den Atem stocken, vermitteln uns eine leise Ahnung von der Last der Überlebenden. In den Briefen von Wolf Meier und Amalie Turteltaub spiegelt sich die zunehmende Verzweiflung wider, die Angst um ihre Enkelin Gitta, der Schmerz der Trennung von allen Lieben, bis sie verstummen und es uns überlassen ist, eine Vorstellung von den knapp zweieinhalb Jahren zu entwickeln, die ihnen noch verblieben – ohne weiteren Kontakt zu den anderen Familienmitgliedern im Ausland.

Dieser äußerst prekären Lage ist es geschuldet, dass die von ihrer Umwelt isolierten Großeltern Themen anschnitten, die einen Zehnjährigen überfordern mussten. Beide hielten trotz aller äußeren Widrigkeiten weiterhin an ihrem Wertekanon fest. Über allem stand, ein anständiger Mensch und gläubiger Jude zu bleiben, seine Pflichten gegenüber der Familie zu erfüllen. Dann würde Gott helfen. Während der Großvaters von früh bis spät auf den Beinen war, um alles Nötige für die Rettung der Enkelkinder zu organisieren und um einen Ausweg für seine Frau und Enkelin zu finden, zumindest ihrer aller Überleben von Tag zu Tag sicherzustellen, vereinsamte die Großmutter. Ihr ganzes Leben war sie umgeben gewesen von einer großen Kinderschar, für die sie, auch noch im Erwachsenenalter, Sorge trug, kochte, wusch, aufräumte, die sie umhegte und pflegte. In Wien saß sie oft tagelang alleine in der tristen Kellerwohnung, bis sie Gitta aus dem jüdischen Kinderheim nehmen konnte, als wieder Platz in der Wohnung war. Nur wenige Kontakte mit einigen Verwandten und Bekannten in Wien blieben noch aufrecht. Ab September 1941 mussten alle drei außer Haus den Judenstern tragen. Die Möglichkeiten, die Wohnung zu verlassen, schränkten sich immer mehr ein. Dafür sorgte ein Bündel antijüdischer Maßnahmen und Verordnungen. Jüdinnen und Juden war es verboten, ein Radio zu besitzen, zu telefonieren und öffentliche Verkehrsmittel zu benutzen; nach acht Uhr abends durfte die Wohnung nicht mehr verlassen werden. So ist es zu verstehen, dass die Großeltern darauf drängten, flehten und mahnten, dass Erich und Poldi, solange es noch möglich war, ihnen schrieben. In welch aussichtsloser Lage sich die Großeltern und Gitta befanden, konnte dem zehnjährigen Erich und dem achtjährigen Poldi in Palästina nicht begreiflich sein.

Über Gitta, das behütete Nesthäkchen, ist ab 1939 nur mehr wenig in Erfahrung zu bringen. Aus den Briefen der Großeltern erhalten wir Nachricht von ihrem Kummer nach der Trennung von den geliebten Brüdern und von ihrer kurzen Fremdunterbringung. Außer den Großeltern dürfte sie kaum mehr Bezugspersonen gehabt haben, vor allem keinen Umgang mit Gleichaltrigen.

Die Transkription der Briefe der Großeltern in diesem Buch orientiert sich am Original, sie wurde aber in Grammatik und Zeichensetzung überwiegend ans heutige Schriftdeutsch angepasst. Amalie Turteltaub hatte kaum Übung im Gebrauch der deutschen Schriftsprache, in ihren Briefen machte sich der Einfluss des Jiddischen bemerkbar.

Lieber Erich!   Wien 17/VII 939

Für Deinen lieben Brief danke Dir, es freut mich außerordentlich, daß dir gut geht und auch Deine Mitteilung, daß auch dem Poldl gut geht. Ich kann nicht begreifen, daß Poldl sich nicht die Mühe nehmen kann, den Großeltern einige Worte zu schreiben. Liebes Kind, wie gerne möchten wir zu Euch kommen, aber leider hängt das nicht von unserem Wollen ab. Es bestehen momentan gar keine Aussichten für uns, es müsste tatsächlich nur ein Wunder geschehen.

Hat schon Aldo an Euch geschrieben oder habt Ihr schon an Aldo geschrieben? Geht Ihr in eine Schule oder sind jetzt Ferien? Sei weiterhin brav, lerne fleißig, sei stets folgsam und trachte, daß auch Poldl brav und folgsam sein soll. Du mußt ihn beeinflussen, daß er brav ist.

mit herzl. Grüßen Dein Großvater et Grüße auch an Poldl

Lieber Erich!
Danke für Deine l. Grüße. Brief folgt. Felix

140

Mein liebes Kind   *(Ohne Datum)*
Dein Schreiben habe mit Freude gelesen, nur der l. Poldi ist zu faul zum Schreiben. Du weißt ja, mich möchte es freuen. Du lieber Erich, Du fragst, ob noch Aussichten habe zum Ausreisen, bis jetzt habe ich leider nicht, nur hoffe ich und Gott muß mir helfen, denn ich will mit meinen Kindern zusammen sein, möchte ich noch Leben können, denn ich habe große Sehnsucht nach Euch. Jetzt fahrt bald Onkel Fritz, Onkel Edi mit den Kindern fahren nach Bolivien, bleibe ich ganz allein, kannst dir nicht vorstellen, wie mir gehn wird, wenn ich allein sein werde, lieber Erich, mach Dir keinen Kummer, Gott wird helfen. Von der Tante Ewa habe schon 14 Tage keine Nachricht gehabt, nur der l. Aldo schreibt mir fleißig; sonst kann ich Dir nichts mitteilen, als daß ich Dich herzlich grüße & küsse 100 mal Deine Dich liebende Großmama, die hofft, Dich bald glücklich zu sehn.
Amen Gruß & Kuss dem Poldi   *Großmama*

Grüße von Edi Trude Hansi Waltele & Gitta. Sonntag wird Sie kommen, wird Sie schreiben; nochmals Küsse Eure Großmama

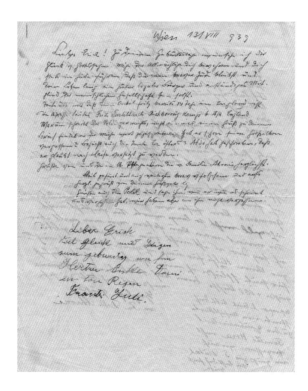

Wien 13/VIII 939

Lieber Erich! Zu Deinem Geburtstag wünsche ich Dir Glück et Gottessegen. Möge der Allmächtige Dich bewahren und Dich stets in Güte führen, daß Du ein braver Jude bleibst und Dein Leben lang ein guter und loyaler Bürger und anständiges Mitglied der menschlichen Gesellschaft sein sollst.

Teile Dir mit, daß Dein Onkel Fritz bereits 14 Tage in England ist. Die Adresse lautet Fritz Turteltaub Richboroug Kemp 6 II/a England. Warum schreibt der Poldi gar nichts, nicht einmal einen Gruß zu Deinem Brief findet er der Mühe wert zu schreiben. Hat er schon seine Großeltern vergessen? Besucht Euch die Tante Eva öfters? Aldo hat geschrieben, daß er glaubt nach Haifa versetzt zu werden.

Grüße von uns Deine lb. Pflegeeltern die w. Familie Ahroni herzlichst.

Bleib gesund und auch weiterhin brav et folgsam und aufs herzl. gegrüßt von Deinem Großvater

Grüße auch den Poldi und sage ihm, wenn er, wie es scheint, uns vergessen hat, wir haben ihn nicht vergessen.

Lieber Erich
Viel Glück und Segen zum Geburtstag ... von Herzen Onkel Davi und Tante Regin
Frantzi Juli.

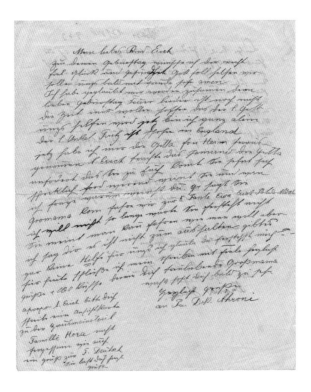

Brief der Großmutter auf der Rückseite des Schreibens des Großvaters vom 13/VIII 939

Mein liebes Kind Erich
Zu Deinem Geburtstag wünsche ich Dir recht viel Glück und Gesundheit. Gott soll helfen, wir sollen uns bald mit Freude sehn. Amen.
Ich habe geglaubt, wir werden zusammen Deinen lieben Geburtstag feiern, leider ist noch nicht die Zeit, wir wollen hoffen, daß der l. Gott uns helfen wird. Jetzt bin ich ganz allein, der l. Onkel Fritz ist schon in England, jetzt habe ich mir die Gitta vom Heim herausgenommen, l. Erich, trachte, daß jemand die Gitta anfordert, daß Sie zu Euch kommt. Sie sehnt sich schrecklich, fortwährend weint Sie und wenn ich frage, warum weinst Du, sagt Sie: Gromama, komm fahren wir zur Tante Ewa Erich Poldi Aldolo, ich will nicht so lange warten. Sie versteht nicht, Sie meint, man kann fahren, wie man will, aber ich sage Dir, es ist nicht zum Aushalten, gibt es gar keine Hilfe für uns, ich glaube Du verstehst mich ...
Für heute schließe ich mein Schreiben mit vielen herzlichen Grüßen & 100 Küssen
Deine dich treuliebende Großmama, die hofft, Dich bald zu sehn
Herzliche Grüße an Fam. Dok. Ahroni

Apropos l. Erich, bitte dich, schreibe eine Ansichtskarte zu der Hausmeisterin Familie Hora nicht vergessen wie auch ein Gruß zur F. Deutsch. Sie lasst Dich herzl. grüßen

Die 70 Jahre alte Amalie und der 74 Jahre alte Wolf Meier Turteltaub hielten sich mit der zehnjährigen Enkelin Gitta kurz vor ihrem Abtransport im II. Bezirk im Sammellager Kleine Sperlgasse 2a auf. Sie dürften in der Nacht aus ihrer Wohnung geholt und in die überfüllte, ehemalige Schule eingeliefert worden sein. Die Menschen lagen im Sammellager wie Sardinen eng aneinander gedrängt auf einer Matratze, ohne etwas zum Zudecken zu bekommen, trotz des eisigen Winters. Am 26. Jänner 1942 wurden die drei mit 1.198 weiteren Personen von Wien, Aspangbahnhof, nach Riga deportiert. Gitta war eines der 16 Kinder bis zum zehnten Lebensjahr. Am 31. Jänner kamen Amalie, Wolf Meier und Gitta in Riga an, wo sich seit Herbst 1941 im Stadtzentrum das jüdische Ghetto befand.[13]

Der Anblick des Ghettos war nach seiner Räumung am 30. November und 8. Dezember 1941 mehr als schockierend: Über 300 deutsche Polizisten und SS-Leute hatten unter Mithilfe von 500 lettischen Hilfspolizisten 27.500 lettische Jüdinnen und Juden abgeholt und im Wald von Rumbula des gleichnamigen Stadtbezirks von Riga ermordet, um den Neuankömmlingen aus dem Deutschen Reich Platz zu machen. Die blutigen Spuren waren im Ghetto noch deutlich sichtbar. Dort teilten sich in der Regel acht bis zehn Personen zwei

144

*Die letzten Fotos
von Amalie und
Wolf Meier Tur-
teltaub und Gitta,
Ende 1938
in Innsbruck
aufgenommen*

winzige Zimmer. Die Sterblichkeitsrate war wegen der katastrophalen Lebensbedingungen und hygienischen Verhältnisse insbesondere unter älteren Menschen und Kindern sehr hoch.[14]

Zudem erfolgten regelmäßige Selektionen all jener, die für eine produktive Arbeit als zu alt oder zu jung, zu schwach oder zu krank erschienen. Im südlichen Teil des Waldes von Biķernieki in unmittelbarer Nähe der Stadt Riga fanden ab 1942 Massenerschießungen statt. Zwischen Anfang Februar und Anfang April 1942 waren etwa 4.400 Alte, Kranke und Arbeitsunfähige betroffen, die unter dem Vorwand der Verlegung zu einem leichten Arbeitseinsatz in einer Fischfabrik zur Erschießungsstätte gelockt worden waren.[15]

Vom Wiener Deportationszug vom 26. Jänner 1942 mit 1.201 Jüdinnen und Juden, unter denen sich Amalie und Wolf Meier Turteltaub mit Enkelin Gitta Scharf befanden, kamen nur 36 Menschen nicht um. Die Innsbrucker Familie war nicht unter den Überlebenden.[16]

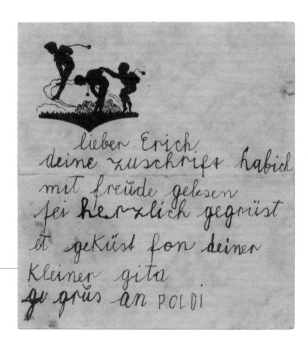

*Der letzte Gruß
von Gitta an ihre
Brüder Erich und
Poldi*

,, Einige wenige Monate haben die Großeltern Onkel Fritz in England, Onkel Edmund in Italien und dem Poldi und mir nach Palästina schreiben können. Mit dem Kriegseintritt Englands war das dann vorbei und jahrelang haben wir nicht gewusst, was passiert ist, überhaupt nichts. Eine Zeitlang habe ich geglaubt, meine Schwester Gitta in einer Dokumentation über Kindertransporte nach England gesehen zu haben. Mit den Jahren war uns natürlich klar, dass sie nicht mehr leben, weil alle, die am Leben geblieben sind, konnten mit der Zeit Kontakt mit den anderen Überlebenden aufnehmen. Aber was genau passiert ist, haben wir erst viele Jahre später erfahren.

Die Großmutter hat geschrieben, die Gitta weint den ganzen Tag und sie will den Erich und sie will den Poldi und sie will die Tante Eva und sie glaubt, man kann so machen, was man will und einfach zusammenkommen. Die Großmutter hat immer geschrieben, Gott wird helfen, wir warten auf ein „Glick", auf Gott, auf – .

Was soll man sagen. Wer sich verlassen will, soll sich auf sich selbst verlassen. Wenn du dich nicht auf dich selbst verlässt, dann bist du verlassen. Es gibt viele, die sagen, Gott hilft. Aber nur denen, die sich selbst helfen.

Damals habe ich den Inhalt der Briefe gar nicht so richtig verstanden, habe sie auch nicht so ernst genommen. Da ist ein gewaltiger Unterschied zwischen dem, was ich heute denke und fühle und was ich als zehnjähriges Kind gedacht und gefühlt habe. Meine Tante oder irgendjemand anderer hat darauf geachtet, dass ich den Großeltern schreibe, aber ehrlich gesagt, ich kann mich nicht daran erinnern, dass ich mich gesorgt oder mir irgendwie vorgestellt hätte, dass den Großeltern und meiner Schwester etwas zustoßen könnte. Ich habe von Tag zu Tag gelebt, war mit mir selbst beschäftigt und ich habe mir gedacht, jetzt ist es so und dann wird es anders. Heute vergeht kaum eine Nacht, in der ich nicht von der Großmutter träume. ,,

Erich (3.v.l.) mit seinen Geschwistern Poldi und Gitta, seiner Großmutter Amalie und seinem Stiefvater Salomon (Salo) Scharf in Innsbruck 1938

Salo Scharf, dem zweiten Ehemann von Erichs Mutter Anna und Vater von Gitta und Poldi, gelang es zwar, nach Frankreich zu flüchten; er fiel dort aber wieder den Nazis in die Hände. Am 28. August 1942 wurde er im Alter von 46 Jahren vom Sammel- und Durchgangslager Drancy bei Paris in einer drei-tägigen Zugfahrt ins Vernichtungslager Auschwitz deportiert. In Koźle, rund 100 Kilometer von Auschwitz entfernt, erfolgte die erste Selektion von 253 Männern zur Zwangsarbeit. In Ausch-witz wurden nur noch 71 Frauen ins Lager eingewiesen, die restlichen 676 Menschen sofort ins Gas geschickt.[17]

Foto links: Ella und Ernst Reichmann; im Hintergrund Ellas Mutter Amalie Turteltaub
Foto rechts: Poldi, der Sohn von Ella und Ernst Reichmann. Ella war die Zwillings-
schwester von Erichs Mutter.

Poldi Reichmann wurde mit seinen Eltern im Oktober 1938 in die Tschechoslo-wakei ausgewiesen, da Ernst Reichmann die tschechische Staatsbürgerschaft besaß und aus Prag stammte. Am 15. Mai 1942 erfolgte die Deportation von Ernst und Ella Reichmann ins KZ Theresienstadt, zwei Tage später kamen sie auf Transport in den 55 Kilometer von Lublin entfernten Ort Izbica.[18] Die deut-schen Besatzungsbehörden verwandelten die Kleinstadt wegen ihres hohen jüdischen Bevölkerungsanteils in ein Ghetto, das als Durchgangslager für die Vernichtungslager Sobibór und Bełżec diente. Der Deportationszug mit 1.000 Jüdinnen und Juden wurde vermutlich unmittelbar nach Sobibór geleitet. Ella war 37, Ernst 47 Jahre alt.[19]

Fünf Monate später, im Oktober 1942, musste auch ihr zehnjähriger Sohn Poldi Prag verlassen. Nach eineinhalbjähriger Gefangenschaft im KZ Theresi-enstadt war das Todesurteil gesprochen: Am 18. Mai 1944, fünf Tage nach seinem 12. Geburtstag, saß er im Zug mit 2.498 weiteren Jüdinnen und Juden nach Auschwitz. Dort erhielt er eine Nummer zwischen A-1445 und A-2506. Am Tag nach der Ankunft wurde Poldi Reichmann ins Familienlager Auschwitz-Birkenau überstellt, von wo er nicht mehr zurückkehrte.[20]

David Schrager

Joel (Julius) Schrager, der Bruder von Amalie Turteltaub, und seine Frau Sali (Chaje), die bei Familie Turteltaub in der Defreggerstraße in Innsbruck gelebt hatten, mussten Ende Dezember 1938 Innsbruck verlassen und in Wien, Franz-Josefs-Kai 45, sodann Floßgasse 9/29, Aufenthalt nehmen. Sie wurden mit ihrem Sohn David am 9. Juni 1942 von Wien nach Minsk, Weißrussland, deportiert und am 15. Juni umgebracht. Nur der ältere Sohn Paul, der im März 1939 mit einer zionistischen Jugendgruppe nach Palästina flüchten konnte, überlebte.[21]

Die Bahn brachte Julius, Sali und David Schrager vom Bahnhof Minsk ins elf Kilometer entfernte Dorf Maly Trostinec, eine ehemalige Kolchose, welche die Sicherheitspolizei bewirtschaftete. Wenige Kilometer weiter lag im Kiefernwald von Blagowschtschina eine schwer einsehbare Lichtung, die als Exekutionsstätte diente. Einsatzkommandos von jeweils zehn bis zwölf Mann mordeten mit Pistolen vor den ausgehobenen Gruben mit Genickschuss. Die meisten Opfer wurden von den Männern der Sicherheitspolizei und des Sicherheitsdienstes der SS in drei zu „Gaslastwagen" umgebauten LKWs erstickt.[22]

Abschied von Innsbruck, Dezember 1938. Von links hinten: Eva Alloggi, Berta und Karl Schnurmann; Mitte: Wolf Meier und Amalie Turteltaub, David Schrager; vorne: Poldi, Erich, Gitta. Von den neun Personen auf dem Foto überlebten nur drei den Holocaust.

Die Ehepaare Turteltaub und Schnurmann verband in Innsbruck eine tiefe Freundschaft. Familie Schnurmann wohnte nach ihrer Abschiebung nach Wien nur wenige Häuser von Amalie und Wolf Meier entfernt in derselben Straße: Rembrandtstraße 39/7. Am 3. Dezember 1941 wurden die 58-jährige Berta und der 57-jährige Karl Schnurmann nach Riga deportiert, wo sie am 6. Dezember ankamen und ins provisorische KZ Jungfernhof, eineinhalb Kilometer vom Ankunftsbahnhof Skirotava entfernt, eingeliefert wurden. Der Jungfernhof war ein 200 Hektar großes Gut mit wenigen Gebäuden, die in einem erbärmlichen Zustand waren. Behelfsmäßig mussten für die in vier Transporten insgesamt rund 4.000 Ankommenden mehrstöckige Holzpritschen in den unbeheizbaren Ställen und Scheunen aufgestellt werden. Unter diesen Bedingungen kamen rund 800 Menschen in den Wintermonaten ums Leben, 1.600 bis 1.700 wurden im Wald von Biķernieki erschossen, 500 Kranke zu Beginn 1942 abtransportiert und umgebracht. Die Überlebenden kamen ins Ghetto Riga und von dort ins Arbeitslager Riga-Kaiserwald, nach Auschwitz oder ins KZ Stutthof. Von den 1.001 am 3. Dezember 1941 von Wien nach Riga deportierten Jüdinnen und Juden überlebten 18 Personen. Das Ehepaar Schnurmann war nicht darunter.[23] Die Söhne Erwin und Siegfried überlebten in Palästina. Siegfried kehrte nach Innsbruck zurück. Auf seinem Grab im jüdischen Friedhof in Innsbruck sind auch die Namen seiner Eltern Berta und Karl verewigt.

Erichs Tante Eva und sein Lieblingscousin Aldo (Eldad) hielten sich, geschützt durch ihre italienische Staatsbürgerschaft, noch bis 31. Dezember 1938 in Innsbruck auf. Sie übernachteten aber meistens nicht in der Defreggerstraße 12, sondern auswärts. Eine italienische und eine Innsbrucker Familie gewährten ihnen regelmäßig Unterschlupf. Am 31. Dezember 1938 fuhren die beiden nach Wien, um sich von Wolf Meier und Amalie Turteltaub zu verabschieden. Ein bis zwei Tage später reisten sie nach Triest weiter, wo sie bei einer jüdisch-türkischen Familie wohnten. Sie wollten sich nach Moisés Ville in Argentinien einschiffen, wohin ein Bruder von Wolf Meier Turteltaub ausgewandert war.

Im Gegensatz zu seiner Mutter war Aldo Alloggi kein Zionist. Während eines Spazierganges betrat er die Synagoge von Triest, weil er sich vom Gesang des Chors angezogen fühlte, der ihm die Tränen in die Augen treten ließ. Dieses Erlebnis bewirkte einen Meinungsumschwung und er informierte seine Mutter über seine Bereitschaft, nach Palästina auszuwandern. Im März 1939 verließen Mutter und Sohn mit einem illegalen Transport Triest.[27] Von 1945 bis 1948 diente er im Royal Army Service Corps der britischen Armee.[28] Im ersten Arabisch-Israelischen Krieg 1948 verlor Aldo Alloggi ein Auge. Er starb im Jahr 2000 im Alter von 80 Jahren in Israel, seine Mutter Eva im folgenden Jahr mit 101 Jahren.

Eva Alloggi mit Sohn Aldo

Hochzeitsfoto von Fritz Turteltaub in England

Erichs Onkel Fritz hielt sich 1942 als „friendly enemy", als nicht feindlicher Ausländer in Kanada im Lager Newington (Sherbrooke) in der Provinz Québec auf, 130 Kilometer östlich von Montréal. Von Oktober 1940 bis 1942 lebten dort hauptsächlich deutsche und österreichische jüdische Flüchtlinge. Unter Tag arbeiteten sie als Holzfäller oder besserten Schuhe und Kleidung aus. Fritz Turteltaub floh im August 1939 nach England und dürfte vom Lager Richborough nach Kanada überstellt worden sein. Am 28. April 1942 konnte er vom Hafen Halifax mit dem Schiff nach England zurückkehren. Er kam am 11. Mai 1942 in Liverpool an. Fritz Turteltaub sollte im Kitchener Camp bei Richborough, Südengland, in der Grafschaft Kent untergebracht werden und als Krankenpfleger arbeiten.[24] Zu diesem Zeitpunkt war das Lager für jüdische Flüchtlinge schon längst zu einem Posten der britischen Marine-Infanterie umfunktioniert worden, sodass anzunehmen ist, dass er unmittelbar nach seiner Ankunft in England ins Militär eintrat, um gegen Nazi-Deutschland zu kämpfen.[25]

Fritz Turteltaub heiratete in England, erkrankte jedoch an Krebs und starb 1944.[26]

Leo Weinreb mit seiner zweiten Frau Lea und Tochter Lizzy 1931

Die Heirat zwischen Leo Weinreb und Anna Turteltaub in Innsbruck soll ein gesellschaftliches Ereignis gewesen sein; doch die Scheidung folgte auf dem Fuße. Weinreb heiratete ein zweites Mal, wohnte mit seiner Frau zunächst am Innrain und übersiedelte schließlich nach Klagenfurt, wo Tochter Lizzy zur Welt kam. Der Familie gelang rechtzeitig die Flucht nach Palästina. Seinen leiblichen Vater lernte Abraham Gafni erst in Israel kennen, ohne dass sich daraus ein näherer Kontakt entwickelt hätte. Dafür entstand in späteren Jahren ein gutes Verhältnis zwischen ihm und seiner Halbschwester Lizzy. Leo Weinreb verstarb 84-jährig in Israel.

„Henkt die Schwarzen, henkt die Juden!" schrien Dornbirner Nazis schon am 11. März 1938 vor dem Haus, wo die Familie Edmund und Gertrude Turteltaub mit ihren Kindern wohnte. Der Ortsgruppenleiter bestellte ihre Vermieterin zu sich, um ihr zu erklären: „Wir wollen Dornbirn judenrein haben." Er zwang sie, den Mietvertrag mit 1. Dezember zu kündigen. Edmund Turteltaub verkaufte seinen ganzen Besitz, konnte aber die Kündigungsfrist nicht einhalten, sodass er bei der Gestapo vorsprach, um einen Aufschub zu erwirken. Die Gestapo wusste von nichts, die NSDAP Dornbirn-Hatlerdorf hatte eigenmächtig gehandelt.

Im Jänner 1939 musste die Familie Turteltaub wie alle noch in Vorarlberg verbliebenen Jüdinnen und Juden um die „Kennkarte für Juden" ansuchen. Von nun an hatten Edmund, Gertrude, Walter und Hans die Beinamen Israel und Sara zu tragen. Am 7. März 1939 war es dann so weit: Der Aufenthalt in Vorarlberg war ihnen nicht länger gestattet, sie wurden nach Wien vertrieben. Doch es bestand Hoffnung: Edmund Turteltaub hatte eine Anstellung in Uruguay bekommen, die Einschiffung in Genua war für den 2. September 1939 vorgesehen. Die Wirren um den Kriegsausbruch am 1. September verhinderten aber eine Ausreise.

Die Familie lebte weiterhin in Mailand; Edmund Turteltaub gelang es, eine Vormerkung für ein Visum nach Bolivien zu erhalten, das Visum selbst erwartete er noch im November 1939. Doch er konnte die weiteren Schritte für die Ausreise nicht mehr einleiten. Mit dem Kriegseintritt Italiens an der Seite Deutschlands internierten ihn die Behörden als ausländischen Juden im „Konzentrationslager" Isola Gran Sasso am mittelitalienischen Festland, das aus mehreren Häusern des Ortes bestand. Am 24. Jänner 1941 ließ die Mailänder Präfektur Edmund ins Lager Ferramonti bei Tarsia in Süditalien bringen, am 20. Februar folgten ihm die anderen Familienmitglieder nach. Am 9. Oktober ordneten die Behörden die Verlegung der Familie Turtel-

*Gertrude Turtel-
taub mit ihren
Söhnen Walter (l.)
und Hans 1936*

*Foto links:
Hans (l.) und Walter
Turteltaub 1938 in
Dornbirn*

*Foto rechts:
Gertrude und
Edmund Turteltaub
mit ihren Söhnen
Hans und Walter
im August 1939 im
Gastgarten eines
Cafés in Mailand auf
dem letzten bekann-
ten Foto wenige Tage
vor der vermeintli-
chen Abreise nach
Südamerika*

taub nach Arcidosso in die Provinz Grossetto in der Toskana zur „freien Internierung" an. Gertrude litt an der Hodgkin'schen Krankheit, die das Lymphsystem im Körper angreift und ohne Behandlung tödlich verläuft.

Waren die Lebensumstände von Edmund, Gertrude, Hans und Walter bis dahin noch einigermaßen erträglich gewesen, so änderte sich dies nach der Besetzung Italiens durch die deutsche Wehrmacht. Am 12. Dezember 1943 verhafteten italienische Behörden die gesamte Familie und brachte sie nach Roccatederighi, einem ehemaligen Priesterseminar, mit Stacheldraht umzäunt und von schwerbewaffneten Soldaten bewacht. Im April oder Juni 1944 erfolgte der Abtransport ins ehemalige Kriegsgefangenenlager Fossoli bei Carpi nahe der Stadt Modena, das die Deutschen als Durchgangslager für die Deportation von Jüdinnen und Juden nach Osten ausgewählt hatten. Bereits am 26. Juni 1944 schickten sie die Familie Turteltaub mit annähernd 1.000 anderen Männern, Frauen und Kindern auf Transport – nach Auschwitz. Der Zug erreichte am 30. Juni den Ort, doch lediglich 231 Männer und Frauen kamen nach der Selektion ins Lager. Hansi und Walterle, wie Abraham Gafni seine damals 13 und 9 Jahre alten Cousins immer noch nennt, wurden sofort in die Gaskammer geschickt. Edmund und Gertrude Turteltaub erlebten die Trennung von ihren Kindern mit, denn sie gehörten zu jenem Viertel, das ins Lager eingewiesen wurde. Doch auch sie kamen schließlich in Auschwitz um.[29]

*Gedenkstein
für die Opfer
des National-
sozialismus
von Dornbirn*

Auf dem Gedenkstein für die Opfer des Nationalsozialismus im Rathauspark in Dornbirn fehlten die vier Namen der Familie Turteltaub. Erst 1996 konnten Martin Achrainer, Thomas Albrich und Niko Hofinger vom Institut für Zeitgeschichte der Universität Innsbruck mit ihren Recherchen und der Kontaktaufnahme mit Abraham Gafni in Israel das Schicksal seines Onkels Edmund, seiner Tante Gertrude und seiner Neffen Walter und Hans klären. Bis dahin war davon ausgegangen worden, dass die Familie nach Südamerika entkommen war.

Abraham Gafni im Turteltaubweg in Dornbirn

Der Stadtrat von Dornbirn beschloss im Frühjahr 1996 einstimmig, die Namen der vierköpfigen Familie auf dem Gedenkstein nachzutragen. Ende November 1996 kuratierten Martin Achrainer und Niko Hofinger im Stadtarchiv Dornbirn die Ausstellung „Familie Turteltaub, Lustenauerstraße 3", zuvor hatten die beiden Historiker sie im Innsbrucker Kulturzentrum Utopia der Tiroler Öffentlichkeit nähergebracht. Seit 2003 gibt es in Dornbirn den Turteltaubweg, einen kleinen Seitenweg der Lustenauer Straße.

Erinnerung an Familie Turteltaub im „Holocaust-Mahnmal – Denkmal für die ermordeten Juden Europas" in Berlin

Am 10. Mai 2005 wurde in der historischen Mitte Berlins, in unmittelbarer Nähe des Bunkers von Adolf Hitler, auf rund 19.000 Quadratmetern Fläche, das „Denkmal für die ermordeten Juden Europas" von Peter Eisenmann mit über 2.700 Stelen unterschiedlicher Größe eingeweiht. Eine davon ist der Familie Turteltaub gewidmet. Auf ihr ist zu lesen: „1944 wurde die Familie nach Auschwitz deportiert. Niemand überlebte."

Der unterirdisch unter den Stelen gelegene „Ort der Information" gliedert sich in Räume der Dimensionen, der Familien, Namen und Orte. Die Darstellung von Einzelschicksalen jüdischer Familien, die den Massenmord nicht überlebten, personalisiert die Erinnerung. Fotos und persönliche Dokumente veranschaulichen im „Raum der Familien" das Leben von Edmund, Gertrude,

Walter und Hans Turteltaub als einer der 15 exemplarisch ausgewählten jüdischen Familien im Kontrast zu ihrer barbarischen Ermordung.

Im „Raum der Namen" verliest eine Frauenstimme die Kurzbiografie der Familienmitglieder, um sie auf diese Weise symbolisch aus der Anonymität zu lösen. Zeitgleich werden Name, Geburts- und Sterbejahr auf die vier Wände projiziert. Der „Raum der Namen" ist auch im Internet abrufbar, denn, so die InitiatorInnen an die BesucherInnen der virtuellen Seite: „Sie können Ihre toten Angehörigen an ihren Gräbern ehren. Aber Millionen ermordeter Juden haben kein Grab! Wir wollen ihnen ihre Identität wiedergeben".

See Genezareth

ABRAHAM GAFNI:
LEBEN IN DER NEUEN HEIMAT ISRAEL

In Haifa: Bat Galim und Kiryat Bialik

Mehr als eineinhalb Millionen jüdische Kinder und Jugendliche kamen während der Herrschaft des Nationalsozialismus in Europa ums Leben. Die Anzahl der Geretteten wie Erich Weinreb und sein Bruder Poldi mutet im Verhältnis zu dieser monströsen Ziffer bescheiden an. Doch ohne die unermüdlichen Bemühungen von Menschen wie Erichs und Poldis Großvater oder OrganisatorInnen der Auswanderung Minderjähriger nach Palästina wie Beate Berger, Henrietta Szold, Recha Freier oder Siegfried Lehmann hätten auch sie nicht überlebt.

Die Ankunft zehntausender Kinder und Jugendlicher, oft ohne Eltern und Angehörige und meist ohne Genehmigung der britischen Mandatsmacht, stellte die mit ihrer Versorgung betrauten Organisationen und die Jewish Agency, die Vertretung der jüdischen Bevölkerung in Palästina (Jischuw), vor außergewöhnliche Herausforderungen. Improvisation war das Gebot der Stunde und nicht immer gelang es, den Kindern und Jugendlichen eine langjährige stabile Unterbringung in einer neuen Familie, in einem Kinderdorf oder Internat zu sichern. Erich Weinreb durchlief eine ganze Reihe derartiger Versorgungsplätze unterschiedlicher Qualität.

Nach einer kurzfristigen Unterbringung des Brüderpaars bei einem Registrierungsbeamten in Bat Galim/Haifa, der sich der alleinstehenden Kinder annahm, war Kiryat Bialik die nächste Station. Deutsche Flüchtlinge hatten den acht Kilometer nordöstlich der Hafenstadt gelegenen Ort 1934 gegründet. Erich Weinreb, seit Juni 1939 Abraham, war während des Tages im Kinder- und Jugendheim Ahawah untergebracht, wo er auch zur Schule ging. Beate Berger, eine jüdische Krankenschwester, hatte Ahawah 1922 in Berlin für sozial benachteiligte, verlassene und verwaiste Kinder gegründet. Nach der Machtübernahme der Nazis gelang es ihr zwischen 1934 und 1939, einen Großteil ihrer Schützlinge und viele andere, insgesamt mehr als 300, nach Palästina zu bringen. Henrietta Szold half ihr bei der britischen Mandatsregierung, Einwanderungszertifikate zu besorgen. Mit Spenden und ihrem eigenen Vermögen baute sie in Kiryat Bialik bis 1935 auf einem Grund, den ihr der Jüdische Nationalfonds zur Verfügung stellte, Beith Ahawah, das Haus der Liebe. Der Nationalfonds war 1901 im Auftrag von Theodor Herzl gegründet worden, um Land für die Besiedlung Palästinas zur Errichtung eines jüdischen Staates zu erwerben. Ahawah entwickelte sich zu einem der bedeutsamsten Heime der organisierten Auswanderung unbegleiteter minderjähriger Flüchtlinge aus dem Deutschen Reich und Osteuropa.[30]

Ein Jahr nach seiner Flucht aus Österreich kam Abraham Weinreb nach Menachamya ins Jordantal, wo ein Klima herrscht, das wegen seiner drückenden Hitze für einen Mitteleuropäer besonders unangenehm ist. Menachamya liegt 70 Kilometer von Kiryat Bialik und zehn Kilometer vom See Genezareth entfernt. Der See bildet das größte Süßwasserreservoir des heutigen Staates Israel, der Jordan die wichtigste Süßwasserquelle.

Die Gründung des zionistischen Landesverbandes Hechaluz in Deutschland geht auf das Jahr 1922 zurück. Er organisierte die jüdische Einwanderung nach Palästina und ihre Vorbereitung. Itzhak Shlomo Rosenfeld, bei dem Abraham Weinreb in Menachamya lebte, war einer der ersten fünf Chaluzim (Pioniere), die in den äußerst dünn besiedelten Ort ausgewandert waren.

Das Internat im Jerusalemer Vorort Talpiot, in das Abraham Weinreb schließlich übersiedeln musste, leitete die Jugend-Aliyah, eine zionistische Organisation, die sich der Rettung jüdischer Kinder und Jugendlicher aus Nazideutschland verschrieben hatte. Recha Freier, die Frau eines Oberrabbiners, gründete sie offiziell an einem denkwürdigen Tag, am 30. Jänner 1933, als Adolf Hitler die Macht übernahm. Die Idee hatte sie bereits 1932 entwickelt. Sie leitete die Organisation in Deutschland, Henrietta Szold in Jerusalem. Szold, Sozialarbeiterin und Erzieherin, hatte 1912 in den USA die größte zionistische Vereinigung weltweit ins Leben gerufen, die Frauenorganisation Hadassah, und war noch im Alter von 70 Jahren nach Palästina ausgewandert. Freier und Szold konnten zwischen 1933 und 1943 rund 7.600 Kinder und Jugendliche vor dem sicheren Tod bewahren.[31]

Der letzte Ort, an dem der inzwischen 14-jährige Abraham Weinreb unterkam, bevor er zu seiner Tante Eva ziehen konnte, war das 20 bis 30 Kilometer von Tel Aviv und Jerusalem entfernte Jugenddorf in Ben Shemen, das gleichzeitig eine landwirtschaftliche Schule mit Internat unterhielt. Siegfried Lehmann, ein Berliner Arzt, hatte im litauischen Kaunas nach dem Ersten Weltkrieg ein Kinderheim aufgebaut und 1926 eine erste Gruppe nach Palästina geführt, um in Ben Shemen eine Kinder- und Jugendsiedlung zu gründen. Lehmann schwebte die Errichtung eines „Kraftzentrums für ein sich erneuerndes Volk" vor. Zionistische Ethik, die Befähigung zur Bestellung des Landes und die Vermittlung eines Verantwortungsbewusstseins standen im Mittelpunkt der erzieherischen Vorstellungen. Lehmann verhalf Henrietta Szold zu den ersten Einwanderungszertifikaten. So entwickelte sich das 1927 eröffnete Jugenddorf ab 1934 zu einem Zentrum der Jugend-Aliyah und Heim für jugendliche Holocaust-Überlebende.[32]

99 Nach unserer Ankunft in Haifa sind bewaffnetes englisches Militär und ein Herr Dostrowsky von der jüdischen Einwanderungskommission an Bord gekommen. Er hat sich um die Flüchtlinge gekümmert und sie alle registriert: mit Namen, Beruf und so weiter. „Ich heiße Erich Weinreb", habe ich gesagt. Dann hat er mich gefragt: „Mit wem bist du gekommen?" Und da antworte ich: „Mit meinem Bruder." Der ist hinter mir gestanden und war damals einen Kopf kleiner als ich. Dostrowsky hat geglaubt, dass ich ihn nicht verstehe und fragt nochmals: „Ja, aber mit wem seid ihr gekommen?" Darauf ich: „Er ist mit mir und ich bin mit ihm." Schließlich haben die älteren Leute ihm erklärt: „Die Kinder sind alleine gekommen." Wir Flüchtlinge sind dann alle mit Bussen irgendwohin gebracht worden. Zu unserem Busfahrer hat Dostrowsky gesagt: „Die zwei Kinder bring' zu mir nach Hause."

Kurz nach der Ankunft in Haifa, 2. Juni 1939: Vorne links außen mit kurzer dunkler Hose Fritz Goldenberg; 3.v.l. Poldi; Erich hält die Mütze in der Hand; links hinten Tante Eva Alloggi

Tante Eva Alloggi (gebückt) mit Poldi und Erich bei der Registrierung in Haifa einige Tage nach der Ankunft. Im Raum hinter dem geöffneten Fenster ist in Umrissen Arthur Goldenberg mit seinem Sohn Fritz zu erkennen.

Abraham Gafni vor dem Haus der Familie Dostrowsky in Bat Galim, die ihn und Poldi nach der Landung in Haifa für ein paar Tage aufnahm. Das Haus ist nicht mehr im Originalzustand.

Ankunft im Eingang des Kinder- und Jugendheimes Ahawah in Kiryat Bialik im Juni 1939. Abraham (1. Reihe, 2.v.l.) und Arie (1. Reihe, 5.v.l.) warten darauf, von einer Familie abgeholt zu werden. Im Ahawah gehen sie zur Schule und werden während des Tages betreut.

So hat es begonnen, und da kamen wir zu ihm nach Bat Galim. Das war unsere erste Pflegefamilie in Haifa, aber wir waren nur ein paar Tage dort. Er hat uns neu eingekleidet, Hemd und Khakihose. Was wir in unserem Rucksack gehabt haben, hat er alles verbrannt. Am nächsten Tag hat er gemeint: „So, jetzt fangen wir von vorne an. Wie heißt du?" – „Erich." Er schaut seine Frau an und sagt zu mir: „Du heißt jetzt Abraham." „Und wie heißt du?", fragt er dann meinen Bruder. Sagt der: „Leopold." Darauf Dostrowsky: „Das bedeutet Löwe. Von nun an heißt du Arie, weil das heißt auch Löwe, auf Hebräisch." So hat also Poldi bis zu seinem Tod Arie geheißen und mein Name war jetzt Abraham Weinreb.

Nach einer knappen Woche in der Familie Dostrowsky sind mein Bruder und ich zu einer Familie nach Kiryat Bialik in der Nähe von Haifa gefahren worden; wie, weiß ich nicht mehr. Dort haben sie uns Kinder, wir waren vielleicht fünf oder sechs, auf die Straße gestellt, bis Frauen gekommen sind, die uns Flüchtlingskinder ausgesucht haben. Da waren zwei Freundinnen, die eine zeigt auf mich:

„Ich nehme den kleinen Blonden." Da hat mein Bruder angefangen zu weinen, weil er nicht von mir getrennt sein wollte. Daraufhin sagt die andere zu Poldi: „Dann nehme ich dich, wir wohnen fast nebenan."

Meine Familie hat deutsch gesprochen, aber wir haben nicht sehr viel Zeit miteinander verbracht, denn tagsüber waren wir in der Schule. Das war eine Art Kinderdorf und hat Ahawah geheißen. Dort haben wir auch Hebräisch gelernt. Ich weiß noch genau, wo ich gewohnt habe. Vor Kurzem habe ich alles abfotografiert, das Haus steht aber nicht mehr. An die Schule und was wir den ganzen Tag gemacht haben, kann ich mich überhaupt nicht mehr erinnern. Nur, dass wir von der Familie Ahroni bis zur Ahawah zu Fuß gegangen sind und überall Sand war.

In der Hitze des Jordantals: Menachamya

Mein Bruder Poldi hat körperlich viel mitgemacht. Er war Bettnässer bis er vier oder fünf Jahre alt war und die Ärzte draufgekommen sind, dass er einen Harnröhrenbruch

Abraham und sein Bruder Arie mit Tante Eva auf Besuch in Menachamya, 1940

hat. In Palästina hat man ihm mit 17 Jahren eine Niere entfernt. Zeit seines Lebens hat er Nierenprobleme gehabt, aber er war auch im Militär, hat den Beruf eines höheren Bankangestellten gehabt, geheiratet, zwei Töchter bekommen und ist mit 78 Jahren gestorben.

Wir waren in engem Kontakt bis zuletzt. Als man uns in Menachamya getrennt hat, war die Familie, in der er gewohnt hat, meine Adresse. Ich habe ihn so oft wie möglich besucht. Es war dort, als ob ich zuhause gewesen wäre. Poldi war ein warmherziger und gefühlvoller Mensch.

Ungefähr ein halbes Jahr später, Ende 1939, hat man mich mit meinem Bruder und ein, zwei weiteren Kindern nach Menachamya verfrachtet, einem kleinen Ort im Jordantal. Dort war es heiß, sehr heiß. Gott tröstet, so kann man den Namen des Dorfes übersetzen, aber getröstet hat niemand.

Es war das erste Mal, dass wir in einem Privatauto gefahren sind. Für die Fahrt habe ich ein Sandwich und eine Grapefruit mitbekommen, die ich weggeschmissen habe, als wir angekommen sind, weil ich mich geschämt habe. In diesem Tal waren so viele große Grapefruits, dass die Kinder damit Fußballspielen konnten, meine sah im Vergleich dazu grün und winzig aus.

Wieder sind wir dagestanden, um von irgendwem abgeholt zu werden. Ein Junge im Alter meines Bruders hat sich Poldi ausgesucht und da es nun schon die dritte Familie war, hatte er sich daran bereits gewöhnt und nicht mehr geweint. Er hat aber im Gegensatz zu mir auch Glück gehabt, ihm ist es wunderbar gegangen, er konnte fast sieben Jahre in dieser dritten Familie bleiben und ist wie ein eigenes Kind angenommen worden. Die beiden Familien, bei denen wir gelebt haben, waren miteinander verwandt. Ich war bei den Eltern Rosenfeld und ihrem Sohn mit seiner Frau untergebracht, Poldi beim anderen Sohn mit Frau und deren Kind. In meiner Familie waren also zwei Alte und zwei Erwachsene. Der Sohn, ein langer Dünner, war mir von Anfang an ausgesprochen unsympathisch, ich konnte ihn nicht ausstehen.

Menachamya im Jahr 1940: Abraham mit den Zügeln in der Hand, neben ihm der Junge, in dessen Familie Arie (rechts außen) lebte. Tante Eva lehnt am Karren, den ein Maulesel zieht.

Damals war die Siedlung ganz klein. Es gab eine gepflasterte Hauptstraße, an der am Ende das Haus stand, in dem ich gewohnt habe, und links wie rechts einen Weg mit jeweils vier oder fünf niedrigen Häusern, ein einfaches, kleines Lebensmittelgeschäft und eine Schule. Und dorthin hat man mich hingestellt.

Alles war für mich ungewohnt: Die Skorpione unter jedem Stein, das Aufstehen um vier Uhr in der Früh und Ausruhen wegen der unerträglichen Hitze im Haus am kühlen Boden und das Essen. Sie haben Auberginen aufgetischt, eine Delikatesse, gebraten mit Tomatensoße. Aber in Österreich habe ich so etwas nie gesehen. Bei uns daheim hat die Großmutter die Tomaten halbiert und Zucker hinaufgegeben, doch jetzt hat man das gesalzen. Und ich sollte das essen? Für die Schule haben sie mir zwei Stück gesalzenes Weißbrot in Olivenöl eingetunkt und mit Zeitungspapier umwickelt in die Schultasche eingepackt. Das war mir unbekannt. Die Sprache, das Benehmen, alles. Ich habe damals das erste Mal mit der Landwirtschaft zu tun gehabt und hart

Foto links: Das Haus der Familie Rosenfeld in Menachamya, in dem Abraham Aufnahme fand. Die Toilette befand sich im Hof, wo einige Kühe und Maulesel gehalten wurden, auch ein Taubenschlag war aufgestellt. Die Tauben dienten als Mahlzeit.

Foto rechts: Abraham und Menachem 2013. Gegenüber dem Haus der Familie Rosenfeld wohnte Menachem, Abrahams erster und bester Freund in Menachamya. Dessen jüngerer Bruder war wiederum der beste Freund von Arie. In Menachems Familie wurde nur deutsch gesprochen. Menachem wohnt hier noch heute mit seiner Frau.

gearbeitet. Am Anfang war mir wegen der starken Sonne oft schlecht, ich hatte Kopfschmerzen und habe mich oft erbrochen.

In der Dorfschule gab es zwei Schulstufen, in denen jeweils mehrere Klassen zusammengefasst waren. Ich hätte eigentlich in die fünfte Klasse kommen sollen, aber da ich noch nicht gut genug Hebräisch konnte, war ich in der dritten. Ein weiteres Jahr, in dem ich kaum was gelernt habe, außer der Sprache. Der Lehrer ist von einem Klassenraum zum anderen gegangen. Während der Zeit, in der er nicht unterrichtet hat, haben wir Selbstarbeit gemacht und als Ältester musste ich aufpassen und die Verantwortung übernehmen. Ich hatte immer die Verantwortung, aber Unsinn habe ich schon auch getrieben. Zum Spielen hat es ja nicht viel gegeben, etwa Ballwerfen im kleinen Vorgarten der Schule. Daher haben wir uns mit den Skorpionen, die es im Überfluss gegeben hat, die Zeit vertrieben und den Mädchen auf die Bank gelegt oder in die Schultasche gesteckt. Ohne Stachel natürlich, den haben wir vorher entfernt. Einmal im Monat ist ein Auto vorgefahren und hat am kleinen Vorplatz der Dorfschule einen Film vorgeführt. Da hat niemand gefragt, um welchen Film es ging, es war ein Film und es hat sich alles bewegt, das war interessant genug.

Im März 1941 musste ich wieder fort. Meine Familie war mit einer anderen Familie im Dorf seit Jahren verfeindet. Eines Tages sind der Großvater und der Sohn aus meiner Familie auf offener Straße erschossen worden. Den Täter haben die Engländer aufgehängt und so hat man mich gemeinsam mit einem anderen Jungen nach einem Jahr wieder woanders hin verschoben.

In Jerusalem und Ben Shemen

Am 5. März 1941 bin ich in das Internat der Jugend-
Aliyah in Talpiot, einem Vorort von Jerusalem, eingetreten. Dort haben sich ungefähr 40 Zwölf- bis Sechzehn-
jährige aufgehalten, ich gehörte zu den drei Jüngsten.
Sie waren Kinder von Flüchtlingsschiffen. Entweder
Waisenkinder oder Kinder armer Eltern ohne Wohnung
und Existenz. Wir Kinder haben uns gut verstanden,
und ich habe im Internat meine Bar Mizwa gefeiert. Die
einen kamen aus Deutschland, die anderen aus Ungarn
und der Tschechoslowakei. Von den Berliner Kindern
habe ich viel gelernt, ich kann heute noch das eine oder
andere Berliner Lied und Gedicht auswendig.

*Abraham Weinreb
bei der Feldarbeit*

Die Straße mit acht Häusern, in der das Internat war,
hat Zafon Talpiot geheißen: Nord Talpiot. In die Schule
sind wir zu Fuß nicht mehr als zehn Minuten gelaufen.
Dort habe ich die 6. und 7. Volksschulklasse beendet.
Im Internat ist es mir zwar schlecht ergangen, aber das
war nichts Persönliches. Es waren schlimme Zeiten, wir

*Abraham Weinreb
in kurzer Hose
mit seiner Jugend-
gruppe in Talpiot*

*Die Straße von Zafon Talpiot in Jerusalem Anfang der 1940er Jahre,
in der das Internat mit mehreren Häusern der Jugend-Aliyah untergebracht war. Dort lebte Abraham Weinreb 1941 bis 1943.*

waren immer hungrig und haben auf dem Feld hart gearbeitet. Aber ich habe nur schöne Erinnerungen.

Ich weiß nicht, warum man mich immer weitergeschickt hat, jedenfalls war die nächste Station ein Jugenddorf mit einer landwirtschaftlichen Internatsschule in Ben Shemen, wo ich am 5. April 1943 eingetroffen bin und das letzte Schuljahr besucht habe. Aber dort haben sie mich ausgenützt, ich musste die ganze Zeit Schwerarbeit leisten und habe Säcke mit Weizen geschleppt ohne Ende.

Bei den Großeltern waren wir verwöhnte Kinder. Oft denke ich daran, wie das in den Familien und Internaten abgelaufen ist, aber es musste so sein. Die Menschen, bei denen wir waren, haben deutsch gesprochen und außerdem waren sie nett zu uns. Mit der Zeit hat man sich daran gewöhnt und so war es kein Problem, soweit ich mich erinnern kann.

Bei Tante Eva in Haifa

Sobald es möglich war, bin ich nach einem knappen Jahr Anfang 1944 von Ben Shemen weggegangen. Ich war 14 Jahre alt und bin nach Haifa, Alossorowstraße 7, zu meiner Tante Eva gezogen, die inzwischen in Palästina Fuß gefasst hatte. Auch mein Bruder konnte bei ihr wohnen. Seine Familie im Jordantal wollte ihn zwar noch behalten, aber Tante Eva bestand darauf, dass Poldi zu ihr kam und er war auch froh, wieder mit mir zusammen zu sein. Wir hatten uns aber nie aus den Augen verloren, ich war oft Gast in der Familie, in der mein Bruder gelebt hat. Immer, wenn ich frei hatte, waren wir zusammen.

Drei Jahre haben wir bei der Tante gewohnt, wir hatten wenig zu essen, aber ein Sack Orangen stand immer beim Eingang. Zuerst haben wir eine Suppe zu uns genommen, das füllt schon den Bauch, und dann Orangen, die äußerst billig waren. In der Mietwohnung von Tante Eva war es sehr eng, weil noch zwei Ehepaare untergebracht waren und ein alleinstehender Mann, Harry Neufeld. Als ein Ehepaar ausgezogen ist, war es angenehmer.

Tante Eva in Palästina

Abraham Weinreb mit seinem Cousin Eldad, vormals Aldo, dem Sohn von Tante Eva, um 1940

Als ich von Ben Shemen gekommen bin, haben sie mich gefragt, welchen Beruf ich ergreifen möchte – Seemann. Aber da hätte ich zur Ausbildung nach Akko gehen müssen und dafür war kein Geld im Haus. Zwei Tage später ist Harry Neufeld nach Hause gekommen und hat mir mitgeteilt, dass er für mich eine Lehre in der Firma Kisch als Kühlschranktechniker gefunden hat. Also habe ich das gemacht, der Lehrherr war Deutscher. Ich habe eine Bagatelle verdient und das Geld natürlich meiner Tante gegeben, aber er hat mir Spesen gezahlt für den Autobus, da ich in ganz Haifa gearbeitet habe. Ich bin lieber zu Fuß gegangen, um Geld zu sparen, das war dann mein Taschengeld. Schließlich hat der Lehrherr ein Motorrad gekauft, damit konnte ich in andere Städte und Dörfer fahren, um Reparaturen durchzuführen.

Neben der Lehre habe ich aber noch andere Tätigkeiten verrichtet, um Geld zu verdienen. Harry Neufeld war ein geschickter Mann. Auf den Baustellen hat er gesehen, dass überall alte zerrissene Zementsäcke herumgelegen sind. Da es damals an allem gemangelt hat, ist er

Abraham Weinreb (l.) in seiner Lehre als Kühlschrank-techniker mit Kameraden in Haifa um 1945

Abraham Weinreb auf seinem Motor-rad 1946

auf die Idee gekommen, in leer stehenden Räumen in einem Vorort von Haifa einen Mehlpapp anzumachen, die alten Säcke zusammenzukleben und sie auf den Baustellen anzubieten. Aldo, ich und noch ein Untermie-ter in Tante Evas Wohnung haben mit ihm zusammen-

Anfangs der 1950er Jahre. Hinten v.l.: Abraham Weinrebs Bruder Arie mit Freundin, Harry Neufeld, Zipora und ihr Freund Abraham; sitzend: 2.v.l. Tante Eva mit dem Brautpaar Rahel und Paul Schrager, Abrahams Großcousin

gearbeitet. Die einen haben kaputte Säcke gesammelt, die anderen sie zusammengeklebt. Tante Eva hat für alle gekocht. Nach der Sache mit den Zementsäcken hat Harry Neufeld begonnen, in der Badewanne aus Pappmaschee Puppen zu machen. Ich habe sie angemalt und meine Tante, die in ihrer Jugend in die Gewerbeschule für Handarbeit gegangen ist, hat gestrickt, genäht und gehäkelt. Wir haben die Puppen bemalt, repariert und verkauft. Das war eine richtige Puppenfabrik und Puppenklinik. Die Kindergärtnerinnen von ganz Haifa haben uns aufgesucht. Wir haben viel improvisiert, um leben zu können, bei der Tante gab es viel Arbeit. Ich glaube, ich habe oft an zwei, drei Orten gleichzeitig gearbeitet. „

Im Kampf für Israel

Sport, Körperertüchtigung und Wehrhaftigkeit standen in der zionistischen Jugend in Palästina hoch im Kurs. Dementsprechend dicht war das Angebot an Sportvereinen: HaPoel, Makkabi, Hakoah oder Zevulun, ein Wassersportverband, der eine Art Grundausbildung für künftige Angehörige der noch aufzubauenden israelischen Seestreitkräfte bot.

Die Jewish Agency errichtete bis zum Ausbruch des Krieges ein Netz verschiedenartiger militärischer Formationen, die von wenigen Ausnahmen abgesehen der Haganah unterstanden, die als Untergrundorganisation während des britischen Mandats von 1920 bis 1948 agierte. 1941 gründete die Haganah eine Fliegerstaffel und die Elite-Einheit Palmach mit der Abteilung Marine – die Palyam, der sich Abraham Weinreb anschloss.[33]

Nach dem Zweiten Weltkrieg schuf die Haganah den Mossad le Aliya Beth, der gemeinsam mit der Palyam die jüdischen Holocaust-Überlebenden von Europa nach Palästina bringen sollte, heimlich an der britischen Mandatsmacht vorbei. Die Briten hatten restriktive Einwanderungsquoten aufgestellt, um die arabische Bevölkerung zu besänftigen. Die für den Transport der Flüchtlinge eingesetzten Schiffe erhielten einen Codenamen, insgesamt schafften es aber nur 13 Schiffe, die britische Blockade zu durchbrechen. Die von der Mandatsmacht Aufgegriffenen wurden zu Zehntausenden im Internierungslager Atlit oder in Lagern in Zypern festgehalten, 1.600 ertranken im Meer.[34]

Aufgrund der zunehmenden Attacken auf jüdische Siedlungen und Transportrouten, die Ende November 1947 durch den UN-Teilungsplan Palästinas in einen jüdischen und arabischen Staat zunahmen, begann die Palmach im Herbst 1947 erstens ihre Marine-Einheit, die Palyam, auszubauen und zu einer Massenrekrutierung von Seeleuten und Mitgliedern von Wassersportvereinen überzugehen. Zweitens veranlasste sie den Umbau von Zivilschiffen zu behelfsmäßigen Kriegsschiffen und drittens gründete sie Ende 1947 nach einem Massaker an jüdischen Arbeitern durch arabische Arbeiter in den Raffinerien von Haifa die Plogat Hanamal – The (Haifa) Port Company. Der Zweck war ein Werkschutz und die Vorbereitung zur Übernahme des Hafens von Haifa, dem größten Seehafen Palästinas, im Falle des Abzugs der britischen Mandatsmacht. An all diesen Operationen, welche die Palmach der Palyam überantwortet hatte, nahm Abraham Weinreb teil.

The (Haifa) Port Company schloss sich während des Unabhängigkeitskrieges der Carmeli Brigade in ihrem Kampf zur Eroberung der Unterstadt von Haifa an, wo sich die Industriegebiete, die Raffinerie und die Bahnanlagen befanden. Danach trat die Port Company Ende April 1948 in die neu geschaffenen Seestreitkräfte ein, deren Gründung am 17. März 1948 verkündet worden war. Mit dem Ende des britischen Mandats in Palästina im Mai 1948 übernahmen sie jene Flüchtlingsschiffe, welche die Briten vor Haifa verankert hatten, und führten die Codenamen weiter. Während des Kriegs konnte die ägyptische Kriegsmarine in Schach gehalten und eine Bedrohung der Küsten abgewendet werden.[35]

Auch wenn bereits seit Langem blutige Auseinandersetzungen zwischen Juden und Arabern, aber auch mit der britischen Mandatsmacht an der Tagesordnung standen, so traten sie seit der Proklamation des Teilungsplans der Vereinten Nationen am 29. November 1947 in eine neue Phase. Während die jüdische Seite die Resolution annahm, lehnte die arabische sie kategorisch ab, weil sie die Staatsgründung eines jüdischen Staates nicht akzeptieren wollte. Doch am 14. Mai 1948 verabschiedete David Ben-Gurion die Unabhängigkeitserklärung des Staates Israel. Wenige Stunden später, am 15. Mai, kurz nach Mitternacht, griffen Ägypten, Syrien, der Libanon, Transjordanien und der Irak an – der erste Arabisch-Israelische Krieg hatte begonnen.

Kein Jahr später, am 10. März 1949, drangen israelische Brigaden in den Golf von Akaba vor und eroberten kampflos die Gebiete um Eilat. Mit der Sicherung des Zugangs zum Roten Meer endete die letzte größere Kriegsoperation des israelischen Militärs. Der neue Staat Israel hatte sich behauptet und sein Staatsgebiet sogar vergrößern können. Mehrere Waffenstillstandsabkommen, die bis zum 20. Juli 1949 abgeschlossen wurden, sicherten die neue politische Situation ab.

Abraham Weinreb, ab 1951 Gafni, nahm nicht nur am Palästinakrieg teil, er kämpfte auch in den Kriegen von 1956/57 (Sinai-Krieg), 1967 (Sechstage-Krieg) und 1973 (Jom-Kippur-Krieg). Darüber hinaus führte er weitere wichtige Operationen durch.

Über die Zeiten des Krieges lässt sich Abraham Gafni wenig aus. Zum einen möchte er sich nicht wichtig machen, Erzählungen über Mut und Heldentum liegen ihm fern. Schmerzliche Erinnerungen lässt er erst gar nicht hochkommen, der Tod ist in seinen Berichten ausgeklammert. Zum anderen hält er es nicht für nötig, darüber zu sprechen, was für ihn selbstverständlich ist: einen Beitrag zur Sicherung des Staates Israels zu leisten. Aus dem Schicksal seiner Familie in Österreich, der Millionen ermordeter Jüdinnen und Juden, aber auch aus seinem eigenen Überleben, das als Kind am seidenen Faden hing, hat Abraham Gafni eine Lehre gezogen: Nur die Existenz Israels ist ein Garant gegen die Wiederholung des Holocaust.

ABRAHAM GAFNI:

99 In Haifa habe ich niemanden gekannt, bis ich auf der Straße einen Jungen in meinem Alter getroffen habe, der mich zum Boxen gebracht hat. Man konnte damals Ringen, Fußballspielen, Schwimmen und eben Boxen. Fußball hat mich nicht interessiert und Ringen hat mir nicht gefallen, das war für mich die Umarmung von zwei schwitzenden Männern. Also habe ich beim Boxen zuerst einige Male zugeschaut, bis der Trainer von HaPoel mich aufgefordert hat mitzumachen, seitdem war ich dabei. Später hatte ich zwei enge Freunde, die auch geboxt haben, allerdings bei Hakoah. Sie haben mich überredet, den Verein zu wechseln. Einmal habe ich gegen Birnbaum gekämpft, unseren Trainer bei HaPoel, der Champion der 8. Armee war und lange Hände wie ein Gorilla hatte. Wegen meines Wechsels zu Hakoah hat er mir vorausgesagt, mich k.o. zu schlagen. Er war 27, ich 17. Natürlich hat er haushoch gewonnen, aber ich bin nicht aus dem Ring getragen worden.

Ich habe im Fliegengewicht gekämpft und oft Schläge bekommen, weil wir damals nicht wie heute in Altersgruppen eingeteilt worden sind, so dass ich regelmäßig gegen viel Ältere in den Ring steigen musste. Am Anfang habe ich gegen Juden und Engländer geboxt. Die Engländer haben den Sport sehr gefördert, sie waren geradezu verrückt nach Wettkämpfen.

Abraham Weinreb, Fliegengewichtler mit 50 Kilogramm

Ankündigung von acht Boxkämpfen im Fliegengewicht mit Namen der Teilnehmer, die am 1. Dezember 1944 in Tel Aviv stattfanden. Einen davon bestritt Abraham Weinreb.

Mit dem Boxsport hatte ich lange zu tun. Ungefähr 1965 bin ich Trainer geworden. Man hat mich gebeten, die Kinder in Kiryat Tivon zu trainieren, das habe ich 15 Jahre lang unentgeltlich gemacht. Das war eine herrliche Kindergruppe, im ganzen Land hatte man Angst vor ihnen. Kurz nachdem ich damit angefangen habe, bin ich auf die Sportuniversität Wingate bei Netanya gegangen und habe Kurse belegt, schließlich die israelische Auswahlmannschaft trainiert und dann auch eine internationale Ausbildung zum Ringrichter und Punkterichter gemacht. Bei der Amateur-Boxweltmeisterschaft 1982 in München war ich Ringrichter.

Meine andere Leidenschaft war der Wassersport, weniger Schwimmen als alles, was der Ausbildung zum Seemann dienlich war. So bin ich 1945 in den Verein Zevulun zum Rudern, Knotenschlagen und Bootsführen. Wir hatten sowohl mit Ruderbooten als auch mit Segelbooten zu tun, jeden Freitag und Samstag im Hafen von Haifa.

Im Oktober 1947 habe ich mich mit 19 Jahren zum illegalen Militär gemeldet. Eigentlich wollte ich zur Sturmtruppe Palmach, wegen meiner Vorbildung haben sie mich aber der Palyam zugeteilt, der Marine-Einheit der Palmach.

Ausbildung im Wassersportverein Zevulun im Hafen von Haifa, im Hintergrund Flüchtlingsschiffe. Abraham Weinreb, der 2. von hinten; links von ihm Shlomo, rechts Malachi

Man hat uns in einem Kibbuz in Caesarea ausgebildet, in dem Zelte aufgestellt waren. Körpertraining, Abhärtung und militärische Ausbildung waren selbstverständlich. Die meiste Zeit waren wir auf dem Meer in Trainingsbooten, die die Palyam im alten Hafen hatte. Wir haben den Umgang mit Waffen geübt, aber wir hatten sehr wenige: ein paar Revolver, ein paar Gewehre, ein paar Handgranaten. Erst als die Engländer abgezogen sind, hat sich die Lage gebessert. Sie konnten nicht alle Waffen und alles Kriegsgerät mitnehmen. All das haben wir sozusagen geerbt.

Oktober 1947: Abraham mit seinen Kameraden auf dem Weg zur Meldung ins illegale Militär in Caesarea, wo die Palyam ein Ausbildungslager und Trainingsboote unterhielt

SERIAL № 2590 A

40 COMMANDO HAIFA PORT PASS:

TO ALL GATES:–

Admit CHAIM WEINTRAUB to Haifa Port

until

Date 15 JUL 1948

40 Commando R.M.

Lieutenant R. M.
for Lt. Col. R. M.
Comd 40 Cdo R. M.

Commando Haifa Port Pass von Abraham Weinreb, auf den falschen Namen Chaim Weintraub ausgestellt. Er gehörte zu jener Truppe, die den Schutz der jüdischen Arbeiter vor den arabischen sicherstellen sollte.

Eine unserer Aufgaben bestand darin, die Leute von illegalen Flüchtlingsschiffen, die in Haifa eingefahren sind, so schnell wie möglich zu holen, um den Engländern zuvorzukommen. Wir haben sie auf dem Rücken geschleppt und nichts wie weg. Eine andere wichtige Aufgabe war der Schutz jüdischer Arbeiter im Hafen von Haifa, wo auch viele Araber gearbeitet haben. Eigentlich hätten die Engländer aufpassen müssen, aber die einen waren für uns, die anderen für die Araber. Ich habe einen Hafenpass mit falschem Namen erhalten, ein Sandwich, das war eine Granate, eingepackt in Papier, und einen Revolver. Dann hat man mir die Anweisung gegeben, wo ich hin soll, um achtzugeben.

Den Tag der Unabhängigkeitserklärung mit der Gründung Israels am 14. Mai 1948 werde ich nie vergessen. Niemand, der diesen Tag erlebt hat, wird ihn jemals vergessen. Das war eine spontane Freude, wir haben gejubelt, im Haus und auf der Straße. Wir waren in unserem eigenen Land, aber wir hatten Feinde. Schon vorher, der Bürgerkrieg hat ja Ende November 1947 angefangen: Die Engländer waren Freunde im Kampf gegen die Nazis und dann wieder waren sie unsere Feinde. Die Araber waren unsere Feinde. Aber unter den Engländern hat es welche gegeben, die mit den Juden gut befreundet waren, und andere waren mit den Arabern befreundet. Wenn du auf der Straße warst, hast du nicht gewusst, wer oder was auf dich zukommt: Engländer, Araber, Freund oder Feind. Wir waren immer in Spannung. Ich kann mich gut an den Tag erinnern, als die Engländer im Mai 1948 das Land mit den Schiffen verlassen haben, weil ich habe damals im Hafen in Haifa gearbeitet. Wir wussten eigentlich nicht, was passieren wird, und da sind die arabischen Staaten einmarschiert und wir haben um unsere Unabhängigkeit und um unser Überleben gekämpft. Wie wir das geschafft haben trotz dieser Übermacht, ist etwas Unglaubliches, aber es gab sonst keinen Ausweg.

Nach dem Abzug der Engländer wurde die Palyam in die Chel Ha'Yam überführt: Wir wurden die offizielle Marine des Staates Israel. Anfangs hatten wir nicht einmal eine Uniform, alles war improvisiert. Wir haben die Flüchtlingsschiffe genommen, die im Hafen von Haifa waren, die „Hannah Senesh", die „South Africa" oder auch die „Wedgwood" und haben sie zu provisorischen Kriegsschiffen umgebaut; primitiv, aber es hat geholfen. Wir haben sie mit Maschinengewehren und kleinen Kanonen ausgerüstet, zum Teil waren das auch Attrappen aus Holz, damit es so aussah als ob. Ich war meist Heizer, eine anstrengende Arbeit, aber mir hat es gefallen.

Das erste Schiff, auf dem ich im Krieg gedient habe, war ein kleines, gewöhnliches Küstenschiff, die „Hannah Senesh". Die Ägypter haben Tel Aviv bombardiert, wir sind aufs Meer hinausgefahren und haben sie mit einer 20 mm Kanone beschossen. Mein zweites Schiff war die „South Africa".

①

②

③

④

⑤

Die „Wedgwood", auf der ich auch gefahren bin, ist zwar als Flüchtlingsschiff genutzt worden, aber eigentlich war sie vorher schon ein gepanzertes, kleines Kriegsschiff, ähnlich einem Walfänger, mit einer Kolbendampfmaschine.

Am Ende des Krieges waren wir von der Marine im März 1949 in Eilat, genau am Tag der Eroberung. Wir haben das erste Militärcamp selbst aufgebaut. Zuerst hat das Militär das Gebiet erobert, dann sind wir an Land. Es hat keine Kämpfe mehr gegeben.

① *Im Boot auf dem Weg zum Schiff „Hannah Senesh" für den ersten Kriegseinsatz zur See im Frühjahr 1948. Hannah Szenes (Senesh) war eine jüdische Widerstandskämpferin aus Ungarn, die in Palästina in die britische Armee eintrat und hinter der deutschen Front absprang, um Jüdinnen und Juden zu retten. Dabei kam sie ums Leben.*

② *Abraham Weinreb auf der „Hannah Senesh" an der 20 mm Kanone, die von einem Flüchtlings- zu einem Kriegsschiff umgebaut wurde*

③ *Abraham Weinreb auf der „South Africa" beim Geschirrwaschen*

④ *Die „South Africa", ein Walfänger, der in Italien gekauft wurde und zu Beginn des Krieges Waffen – eine 20 mm Kanone, leichte Maschinengewehre – und Munition beförderte,[36] war mit einem Maschinengewehr ausgestattet, das auch Abraham Weinreb bediente.*

⑤ *Die „Wedgwood" wurde in der kanadischen Marine im Zweiten Weltkrieg eingesetzt und danach vom Mossad le Aliya Beth als Flüchtlingsschiff. Es gehörte zu den ersten drei kleinen Kriegsschiffen, allesamt Korvetten der israelischen Seestreitkräfte, die während des Arabisch-Israelischen Krieges 1948 noch in ihren bescheidenen Anfängen steckten.*

① *Zu Kriegsende im März 1949 erreichte Abraham auf seinem Schiff Eilat am Tag der Eroberung. Seine Einheit baute das erste israelische Camp in diesem Gebiet auf.*

② *Improvisierter Wassersport in Eilat mit einem Boot, das Abraham Weinreb auf einem Brett am Meer nach sich zieht.*

Abraham Gafni (l.) auf der „Misnak" im November 1956 während des Sinai-Krieges. Das Schiff konnte wegen der Kämpfe nicht direkt von Haifa nach Eilat fahren, sondern musste den Umweg über Südafrika nehmen. Während der knapp zweimonatigen Fahrt magerte Abraham Gafni stark ab.

Im Dezember 1949 habe ich meinen Entlassungsschein aus der Kriegsmarine in der Hand gehalten und gleich darauf bin ich in die Handelsmarine eingetreten, weil man Leute mit Erfahrung wie mich für den Neuaufbau gesucht hat. Zu der Zeit hat man alte, billige Schiffe gekauft, meist in Amerika. Aufwändige Reparaturen mussten wir von Anfang an auch auswärts durchführen lassen, etwa in Neapel. Also bin ich 36 Stunden in einem viermotorigen Flugzeug nach Amerika geflogen und dort auf ein Schiff als Maschinist, ungefähr vier Wochen hat die Rückfahrt nach Israel gedauert. In Amerika hat mich ein Jude angesprochen, dass ich Boxen soll, meine Freunde hatten ihm von mir erzählt. Aber ich war damals nicht im Training und geraucht habe ich auch. Schließlich habe ich eingewilligt wegen der Gage von 100 Dollar. Er hat mir eine professionelle Boxerhose aus Seide zum Anziehen gegeben, auf dem ein großer Davidstern war. Mein Gegner war ein austrainierter Mexikaner. In der ersten Runde habe ich ihm einige verpasst, aber dann ist mir die Luft ausgegangen. Drei Runden musste ich noch kämpfen, eine Ewigkeit. Er hat mich verprügelt, aber ich bin nicht zu Boden gegangen. Am Ende ist der Veranstalter zu mir gekommen und war zufrieden, weil ich nicht aufgegeben habe und der Kampf für die Zuschauer spannend war. Aber das war ja klar, mit so einem großen Davidstern auf der Hose konnte ich nicht aufgeben.

Arbeiten und Sparen

Zwischen 1932 und 1939 flüchteten rund 200.000 Jüdinnen und Juden vor den Nationalsozialisten nach Palästina, unter ihnen Erich Weinreb. Bis 1945 gelang es weiteren 70.000 Flüchtlingen, sich in Sicherheit zu bringen. In den ersten 18 Monaten nach der Unabhängigkeit Israels kamen 350.000 Menschen ins Land. Insgesamt wanderten zwischen 1948 und 1952 über 600.000 Jüdinnen und Juden ein, nicht zuletzt wegen der Pogrome und Diskriminierungen in Osteuropa. Somit verdoppelte sich innerhalb weniger Jahre die Gesamtbevölkerung in Israel.[37]

Im April/Mai 1949 forderten DemonstrantInnen in Tel Aviv und Haifa Arbeit, Brot und Wohnen – zum Teil mit Gewalt. Zwar wurden tausende Wohnungen gebaut, aber das Angebot hinkte stets weit hinter der Nachfrage her. Arbeitsministerin Golda Meir erklärte im August 1949 in der Knesset, dem israelischen Parlament, warum nicht nur Häuser, sondern auch eine große Anzahl von Holzbaracken errichtet werden mussten: „(...) ich kann mich nicht dazu überwinden zu sagen: Sollen doch fünf, sechs, acht Familien in einem Raum leben, bis wir für alle eine Ein- oder Zweizimmerwohnung bauen können. Ich wusste, dass das eine Illusion war: Wir können in naher Zukunft keine Häuser für sie bauen."[38]

In Israel herrschte fühlbarer Geld- und Materialmangel, die Staatskassen waren leer, beim Verteidigungshaushalt durfte nicht gespart werden. Also brachte die Regierung ein hartes Sparprogramm und inflationstreibende Maßnahmen auf den Weg, um kurzfristig die Mittel für die Lebensmittelversorgung, für Kleidung, Medizin und Unterbringung aufzubringen. Dazu kam eine rigorose Rationierung von Lebensmitteln, Konsumgütern, Rohstoffen und ausländischer Währung. Der israelische Historiker Tom Segev stellt dazu fest: „Die Menschen hungerten nicht, mussten sich aber mit Tiefkühlkabeljau und Trockenei zufriedengeben. Und die gab es nur gegen Bezugsscheine und nach stundenlangem Anstehen in der Schlange. Beides zerrte an den Nerven der Menschen."[39]

Derart misslich präsentierte sich die Lage des israelischen Staates in den Jahren nach seiner Gründung. Unter diesen Bedingungen ging Abraham Gafni, der mittellos ins Land gekommen war, daran, sich mit seiner Frau Zipora eine Existenz aufzubauen.

,, Zipora und ich haben am 13. März 1951 im Hotel
Weiss in Haifa geheiratet, bald nach der Hochzeit bin
ich wieder auf das Schiff zurück, weil wir zu wenig zu
essen hatten. Meine Frau war sehr jung und außerdem
sehr klug. Auch wenn ich längere Zeit nicht daheim war,
hat sie nie von mir verlangt, dass ich meinen Beruf als
Seemann aufgeben soll. In Israel hat es zu wenig Arbeits-
plätze gegeben und wir wollten irgendwie im Leben vor-
wärts kommen, daher musste ich von Zeit zu Zeit aufs
Schiff. Das war nicht nur finanziell notwendig, ich konnte
auch vieles, das wegen des wirtschaftlichen Engpasses
schwer oder gar nicht zu kaufen war, auf meinen Fahrten
mitnehmen. Ich habe nach der Hochzeit die meiste Zeit

*Abraham Gafni (l.)
in US-Matrosen-
uniformen in Neapel
im Oktober 1949*

*Am 28. November
1956 überquerte
Abraham Gafni
(stehend 2.v.l.) mit
Kameraden das erste
Mal den Äquator.
Dafür wurde er zur
Erinnerung mit
Dreck beschmiert
und erhielt eine Aus-
zeichnung als Ritter
der Ozeane.*

*Das am 23. Juni 1950 auf Abraham Weinreb ausgestellte Seemanns-
buch; seine spätere Namensänderung auf Gafni wurde ebenfalls
eingetragen. In der israelischen Handelsmarine arbeitete er als Heizer,
Öler und kurze Zeit auch als Unterhaltungs-Offizier.*

an Land gearbeitet, aber immer, wenn schwere Zeiten gekommen sind oder ich arbeitslos war, bin ich wieder zurück auf das Schiff. Und einige Male konnte ich Zipora mitnehmen. Sie ist gerne mit mir gefahren, auch wenn sie bei Sturm seekrank geworden ist.

Bis 1953 habe ich in meinem erlernten Beruf als Angestellter gearbeitet und habe mich dann mit meinem Freund Fritz Goldenberg aus Innsbruck selbstständig gemacht. Es war eine kleine Firma, die Reparaturen für Kühlschränke angeboten hat. Sie ist gut gelaufen, doch der Zeitpunkt war ungünstig. Fritz hat an den Folgen einer Kinderlähmung gelitten und ist daher nicht eingezogen worden. Aber ich musste immer wieder ins Militär einrücken und im Sinai-Krieg war ich auf einem Kriegsschiff, so dass er das Geschäft alleine führen musste. Das konnte ich ihm nicht zumuten, also bin ich aus der Firma ausgetreten und wieder ein dreiviertel Jahr auf ein Schiff – Amsterdam, Hamburg, Bremen. Danach habe ich abermals als Kühlschranktechniker in einem Betrieb gearbeitet. Von 1960 bis 1975 war ich Leiter des Arbeitsamtes für Seeleute in Haifa. Ich war Regierungsbeamter, aber das Büro bestand aus einem Tisch, einem Sessel, Unterlagen und Schreibgerät. Das war alles. Ich habe aber nicht genug verdient, daher habe ich immer zwei, drei Arbeiten nebenbei gemacht. Außer der Familie, für die ich sorgen musste, hatte ich niemanden auf der Welt. Heute bin ich in der Lage zu sagen, dass ich keinem was schuldig bin. Damals bin ich nach der Arbeit nach Hause und habe dann bei Leuten Geld kassiert, die Abendkurse belegen wollten. Und ich habe auch Theaterkarten bei mir gehabt und verkauft.

1975 habe ich mich schließlich selbstständig gemacht und mit meinem Schwiegersohn zusammengearbeitet. Wir haben Hygiene- und Sanitätsprodukte verliefert und da ist es aufwärts gegangen. 1971 war das letzte Jahr, in dem ich auf dem Schiff war. Im Militär war ich im aktiven Dienst und als Reservist 32 Jahre und fünf Monate. Mein letzter Dienstgrad: Sergeant.

Heute bin ich Masseur, das ist ein Nebenverdienst, der uns hilft, aber ich mache das gerne, nicht nur wegen dem Geld – und es hält fit. Ich massiere seit Jahrzehnten und habe damit schon lange, bevor ich

Fritz Goldenberg/Hillel Golan, ein enger Freund und Geschäftspartner von Abraham Gafni. Seine Mutter sprang nach der Machtübernahme der Nazis in Innsbruck aus dem Fenster der Wohnung und verstarb. Fritz Goldenberg befand sich 1939 mit seinem Vater Arthur auf demselben Schiff von Rumänien nach Haifa wie Erich und Poldi.

meine Ausbildungen absolviert habe, angefangen. Das erste Diplom ist aus dem Jahr 1989 und dann habe ich laufend Kurse mit Zertifikaten abgeschlossen: Klassische Massage, Bioenergetik und Reiki. Auch heute mit 85 Jahren massiere ich während der Woche den ganzen Tag. Die Leute rennen mir die Türe ein, um behandelt zu werden. Und meine Frau hat ein paar Stunden am Tag Ruhe vor mir.

Zipora und Abraham

Haifa war 1948 eine kleine Stadt. Jeden Morgen, wenn ich in die Lehre gegangen bin, habe ich Zipora gesehen. Ihre Schule war ganz in der Nähe. So nach etwa einer Woche haben wir uns zugenickt, dann Schalom gesagt und uns schließlich in einer kleinen Gruppe junger Menschen getroffen. Sie war etwas älter als 14, ich über 19 und wir sind uns freundschaftlich begegnet. Deutsch konnte sie noch kein einziges Wort. Es war üblich, dass die Jungen in einer Clique waren und die Freizeit miteinander verbracht haben. Jeder hatte seine Freundin und die meisten haben einander geheiratet, so war das damals. Als ich im illegalen Militär und auf dem Schiff im Unabhängigkeitskrieg war, haben wir uns ausgemacht, dass wir jeden Tag um sieben Uhr für den anderen einen Brief schreiben. Diese Briefe haben wir heute noch. Nach dreieinhalb Jahren Bekanntschaft haben wir beschlossen zu heiraten, aber kurz vor der Hochzeit hat Zipora gesagt: „Der Name Weinreb, das ist nichts für mich, suchen wir einen hebräischen Nachnamen aus mit

Die Clique in Haifa um 1950. Rechts außen stehend: Zipora und Abraham Gafni

Hochzeit von Abraham und Zipora am 13. März 1951 in Haifa

einer ähnlichen Bedeutung wie im Deutschen." Gafni ist zwar keine direkte Übersetzung, hat aber etwas mit Wein und Reben zu tun. Mein Bruder mit dem Nachnamen Scharf hat an dem Tag, als ich ihm erzählt habe, dass ich meinen Namen von Weinreb auf Gafni ändere, gesagt: „Das machen wir gemeinsam." Seit damals bin ich Abraham Gafni und er Arie Gafni.

Die Namensänderung war mir gleichgültig, weil in Israel haben die meisten nicht deutsch sprechen können und sich mit meinem Namen schwer getan. Und jetzt heiße ich Abraham Gafni schon viel, viel länger als Erich Weinreb. Abraham kürzen viele ab und sagen Abi. Aber als Kind hat man mich nach meiner Ankunft in Palästina oft Abrahemele genannt. „

Zipora (rechts außen) mit ihren Eltern Jechiel und Pnina sowie ihrer Schwester Esther. Über ihre Herkunft erzählt sie:

99 Mein Vater und meine Mutter sind mit ihren Eltern von Polen nach Palästina ausgewandert. Der Vater kam 1904 im Alter von vier Jahren an, die Mutter 1923 mit neun Jahren. Sie waren Cousin und Cousine und lernten sich in Jerusalem kennen. Zuhause wurde daher weder polnisch noch jiddisch gesprochen, sondern ausschließlich hebräisch. Nur die Großeltern haben das Jiddische verwendet und hie und da das Polnische.

Ich bin 1933 in Jerusalem geboren und dann mit dreieinhalb Jahren mit den Eltern und meiner um fünf Jahre älteren Schwester nach Haifa übersiedelt. Meine Großeltern waren fromm und mein Vater ein sehr gelehrter religiöser Jude. Wenn ich als Kind zu ihm gegangen bin, habe ich immer etwas Süßes bekommen, aber gleich darauf hat er wieder seinen Kopf ins Buch gesteckt. Mein Vater war ein tüchtiger und geschickter Mann, der in einer Fabrik gearbeitet hat, aber die Situation war: Viel Arbeit – wenig Geld.

Als ich Abraham geheiratet habe, war ich siebzehneinhalb und er zweiundzwanzigeinhalb, das war vor 63 Jahren. 66

ABRAHAM GAFNI:

99 Die ersten Ehejahre wohnten wir bei den Schwiegereltern in Haifa, HaShemesh, in der Sonnenstraße. Ich habe immer gewitzelt und gesagt, das ist dort, wo die Sonne nie hinkommt. Die Wohnung hatte drei Zimmer und einen schönen kleinen Garten. Mein Schwiegervater hat nicht genug verdient, um den Zins für diese große Wohnung zu bezahlen, und so musste er zwei Zimmer vermieten. In einem Zimmer war eine Familie mit fünf Kindern, im anderen ein Paar mit einer Tochter. Die Schwiegereltern wohnten mit meiner Frau in einem Zimmer mit Veranda. Als ich eingezogen bin, haben sich Zipora und ich die Veranda als Zimmer hergerichtet, aber wir mussten immer durch das Zimmer der Schwiegereltern gehen, wo auch unser Schrank

Haifa, HaShemesh 2013: Das Haus, in dem das frisch vermählte Ehepaar Gafni von 1951 bis 1956 mit den Eltern Ziporas und anderen MieterInnen wohnte.

war; das heißt, auf den Schrank der Eltern haben wir unseren hinaufgestellt. Bad, Toilette und die winzige Küche waren zur Benutzung für alle. Ein anderer Witz von mir war, dass ich gesagt habe, dass zu unserer Toilette 14 Hintern gehören. Aber viele haben damals so gewohnt. Unsere erste Tochter Chana ist auch noch in HaShemesh zur Welt gekommen. Aber nachdem eine Partei ausgezogen war, hatten wir wenigstens ein Zimmer nur für uns. Zipora hat damals gemeint, dass sie sich wie im Paradies fühlt. Und so wohnten wir einige Jahre und das war auch ein Grund, warum ich oft am Schiff gearbeitet habe.

Nach einigen Jahren hatten wir uns etwas zusammengespart und der Schwiegervater hat für die Übergabe seiner Hauptmiete eine Ablöse bekommen. So sind wir 1956 20 Kilometer östlich von Haifa nach Kiryat Tivon übersiedelt, wo Zipora eine Schwester hatte. Dort haben wir uns eine Wohnung gekauft und mit den Schwiegereltern noch zehn Jahre zusammengelebt, aber in besseren Verhältnissen. Unser Motto war: Immer weiter arbeiten und weiter sparen.

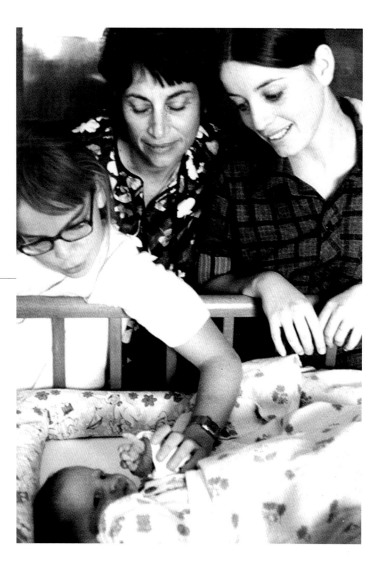

Zipora Gafni nach der Geburt der jüngsten Tochter Tali, 1971, mit ihren Töchtern Galit (l.) und Chana (r.)

In dieser Wohnung haben wir 30 Jahre lang gewohnt, nach 20 Jahren war sie abbezahlt. Mit der eigenen Firma ist es uns gut gegangen, so haben Zipora und ich Mitte der 1980er Jahre die Wohnung verkauft und in Tivon ein Haus gebaut. "

Zipora und Abraham Gafni im Wohnzimmer ihres Hauses in Kiryat Tivon, 2013

ZIPORA GAFNI:

99 Zum Zeitpunkt meiner Heirat hatte ich die Matura und hätte gerne
weiter studiert, um Lehrerin oder Krankenschwester zu werden,
aber da kein Geld da war, habe ich 13 Jahre als Sekretärin bei einem
Arzt gearbeitet. Nach der Geburt meiner Tochter Chana 1953 hat
meine Mutter auf sie aufgepasst, während ich gearbeitet habe. Sieben
Jahre später ist Galit auf die Welt gekommen, da haben wir schon in
Tivon gewohnt. Als ich mehr Zeit für mich hatte, habe ich 1969 mit
36 Jahren auf der Universität Haifa die Kultur des Mittleren Ostens zu
studieren begonnen: jüdische und arabische Geschichte, aber auch die
arabische Sprache. Gleichzeitig habe ich die Ausbildung zur Lehrerin
absolviert. Allerdings musste ich wegen der Geburt meiner dritten

Tochter Tali wieder unterbrechen. 1981 konnte ich dann auf der High School in Tivon die 14- bis 18-Jährigen in der arabischen Schriftsprache unterrichten; das habe ich sehr gerne gemacht. 15 Jahre später bin ich dann mit 63 Jahren in Pension.

Als junge Erwachsene war ich viel allein, weil Abraham oft im Militär und auf See war, aber ich habe mich daran gewöhnt und ich habe gewusst, dass er das mag. Es war ein gutes Leben miteinander, er hat immer sehr viel gearbeitet für die Familie. Uns hat nichts gefehlt und ich konnte mich immer auf ihn verlassen. Er war – und ist – ein guter Vater und Ehemann. ❝

Im jüdischen Friedhof von Innsbruck: Abraham und Zipora Gafni mit Tochter Tali und den Enkelkindern Neta, Karmel und Schaced, die auf den Namen von Abrahams verstorbener Mutter Anna zeigt. Abraham Gafni hat sich zum Ziel gesetzt, alle seine Kinder und Enkelkinder nach Innsbruck zu bringen, damit sie ihre Wurzeln in Tirol kennenlernen.

AUF BESUCH
IN TIROL

Am Grab der Mutter

ABRAHAM GAFNI:

" 1963 war ich das erste Mal nach meiner Vertreibung wieder in Innsbruck. Mit zehn Jahren bin ich von Innsbruck weg. Ein Vierteljahrhundert später, im Alter von 35 Jahren, bin ich mit meiner Frau und mit meinem besten Freund und seiner Frau das erste Mal wieder zurückgekommen. Wir hatten ein über vier Ecken geliehenes Auto, mit dem wir von Genua aus eineinhalb Monate lang überall herumgefahren sind: Deutschland, Holland, Belgien, Frankreich, Schweiz, Italien – und Innsbruck. Am Auto war vorne und hinten eine israelische Fahne befestigt. Ich habe darauf gewartet, dass es irgendetwas gibt, dass ich irgendetwas Schlechtes höre, aber es blieb alles völlig ruhig.

Wir sind den Brenner hinuntergefahren, ich habe jedoch nichts Besonderes gefühlt. Meine Frau Zipora ist da ganz anderer Meinung. Jedenfalls kommen wir in Innsbruck an und mein erster Weg war in den Friedhof, zum Grab meiner Mutter, und es war alles unverändert; Innsbruck war für mich völlig unverändert, so wie ich es verlassen habe. Wir sind in den Friedhof hineingegangen und ich habe mich sofort ausgekannt. Ich war als Kind beim Begräbnis meiner Mutter und danach vielleicht noch ein- oder zweimal an ihrem Grab, bevor ich weg musste, aber ich habe meine Frau, ohne jemanden zu fragen und ohne zu suchen, direkt zum Grab meiner Mutter hingeführt. Mir ist sofort aufgefallen, dass der schöne Grabstein ausgetauscht worden ist. „Du warst noch ein Kind und du warst klein", hat meine Frau gesagt, aber ich war mir sicher, dass das nicht der richtige Grabstein war. Viel später habe ich erfahren, dass ein Steinmetz während des Krieges Grabsteine abtransportiert hat, weil sie ihm die Stadt Innsbruck verkauft hat, und dass auch zwei kleine Bomben den Friedhof verwüstet haben.

Nach dem Friedhof habe ich meinen Rundgang in Pradl gemacht. Ich bin in die Kirche und vor die Schule gegangen, habe den Kindergarten gesucht, aber nicht gefunden und bin ins Haus meiner Großeltern, in den Garten, in den ersten Stock hinauf und vor der Türe gestanden. Ich habe aber weder angeklopft noch geklingelt, der Name am Türschild war mir fremd. Da sind wir wieder hinausgegangen. Ich war irgendwie, ich kann mich nicht mehr genau erinnern, ich glaube, mich hat das alles innerlich nicht berührt, ich habe das ganz kalt aufgenommen. Aber meine Frau erzählt da etwas völlig anderes.

1982 war ich in München als Ringrichter bei der Amateur-Boxweltmeisterschaft. An meinem freien Tag bin ich nach Innsbruck zum Grab meiner Mutter gefahren. Ich suche und suche, aber ich habe es nicht gefunden. Ich gehe in die Friedhofsverwaltung, da sagt mir der Angestellte wortwörtlich: „Es tut mir leid, ich muss Ihnen sagen, das Grab Ihrer Mutter ist der Erweiterung des Südrings zum Opfer gefallen." Und als er mir das sagt, wird mir ganz heiß und ich packe den Schreibtisch und er schreit: „Nein, nein, nein bitte, der Oberrabbiner aus Wien war auch da und da sind alle, die in den aufgelassenen Gräbern waren, ordentlich bestattet worden in einem großen Grab mit

Abraham Gafni mit seinen Enkelkindern Schaced, Karmel und Neta im Haus der Großeltern in der Defreggerstraße in Innsbruck, wo er die ersten zehn Jahre seines Lebens verbrachte. Das Foto entstand dort, wo die Familie Turteltaub Ende 1938 die letzten Aufnahmen machte, bevor sie die Heimat verlassen musste.

einer Tafel, auf der alle Namen stehen." Ich habe mich
sehr geärgert und sehr aufgeregt darüber, denn durch
das Grab meiner Mutter hatte ich das Gefühl, dass ich
doch noch irgendetwas Eigenes in Innsbruck habe.

Und jetzt habe ich Fotos von allen meinen Enkeln, außer den Kleinsten, mit dem Finger auf dem Namen meiner
Mutter, Anna Scharf, auf der Tafel im Gemeinschaftsgrab.
Das ist jetzt alles, was geblieben ist, aber trotzdem habe
ich jetzt in Innsbruck wieder neue, nette Bekannte und
das Leben geht weiter.

Meinen Kindern habe ich früh davon erzählt, was
passiert ist, immer wenn sie gefragt haben. Und ich habe
auch viel aufgeschrieben. Sie haben gewusst, dass der
Vater mit einem Flüchtlingsschiff gelandet ist und dass
meine engere Familie und viele andere umgekommen
sind. Die älteste Enkelin interessiert sich besonders, will
alles wissen und schreibt alles auf.

Meine Kinder und Enkel haben kein Problem mit
Österreichern, aber sie machen sich keine besonderen Gedanken über Innsbruck, für sie ist Innsbruck ein schöner
Ausflug. Ich bin nämlich mit meinen Kindern und Enkelkindern nach und nach hierher gefahren, weil ich wollte,
dass sie sehen, woher sie stammen, woher ich komme.
Ich erzähle ihnen zwar von Innsbruck, von Österreich,
von den Bergen, aber ich wollte, dass sie das mit eigenen
Augen sehen. Ich bin schließlich hier geboren und habe
hier das ABC gelernt. Eine Enkelin habe ich nach Innsbruck mitgenommen, als sie mit 12 Jahren ihre Bat Mizwa
gefeiert hat. Ich war mit ihr im Haus Defreggerstraße, im
Haus, das ich als Enkel verlassen habe und wohin ich als
Großvater mit meiner Enkelin zurückgekommen bin. Zum
Glück kann ich die Kinder durch Innsbruck führen und
ihnen die Orte meiner Kindheit zeigen. Viele können das
leider nicht, weil alles verschwunden ist. Die fahren nach

Anlässlich seines ersten Aufenthaltes in Innsbruck 1963 nutzte Abraham Gafni die Gelegenheit, um sich erneut eine Geburtsurkunde ausstellen zu lassen.

GEBURTSURKUNDE

Matrikenstelle: Pfarramt Israelitische Kultus=
gemeinde Innsbruck **Band** II H **Seite** 19

Erich W e i n r e b

ist am 23. August 1928

in Innsbruck, Defreggerstraße 12 **geboren.**

Vater: Leo W e i n r e b , israelitisch, wohnhaft in
Innsbruck.

Mutter: Anna W e i n r e b , geb. Turteltaub, israelitisch,
wohnhaft in Innsbruck.

Änderungen der Eintragung:

Eine Zwischenzeile.

Innsbruck **den** 17. Juli **19** 63

Der Matrikenführer:
Stadtmagistrat Innsbruck
(Bezirksverwaltungsbehörde)
Der Bürgermeister:
im Auftrag:

(Prader)

(Siegel)

217

Polen mit den Kindern, aber sie können ihnen nichts mehr zeigen, das meiste ist spurlos verschwunden.

"

ZIPORA GAFNI:

,, Innsbruck war für Abraham immer ein Symbol. Er hat sich dort sehr wohl gefühlt, nicht nur wegen der schönen Landschaft. Die Großeltern haben ihm viel gegeben, sie waren zu ihm sehr fürsorglich und auch die vielen Tanten, Onkel, Cousins und Cousinen. Sie haben ihm ein Heim gegeben, Heimat und Liebe. Das ist seine Innsbrucker Vergangenheit, von der er viel erzählt.

Er war ein verwöhntes Kind und sagt immer, dass er nicht gefolgt hat. Aber er hat dann Verantwortung bekommen für seinen Bruder und musste früh erwachsen sein. Seitdem hat er ein starkes Pflichtgefühl.

Als er 1963 das erste Mal wieder in Innsbruck war, war er sehr angespannt, auch wenn er versichert hat, dass er völlig gelassen ist. Wir sind in die Defreggerstra-

Was übrig blieb ... Schrank der ermordeten Großeltern mit ihrem Schnapsservice im Wohnzimmer von Abraham und Zipora Gafni in Kiryat Tivon

ße zum Haus der Großeltern gegangen und ganz leise die Stiegen hinauf. Danach ging es nach Wörgl. Der Aufenthalt war schwer für ihn, für mich auch. Er hat damals nur gewusst, dass die Großeltern und seine Schwester Gitta tot sind, aber nicht mehr. Auch wenn Abraham erzählt hat, dass sie gut zu ihm waren wie Eltern, so hat er nicht gesagt, dass ihm das, was mit ihnen geschehen ist, innerlich weh tut. Aber er war unruhig.

Erst als er in den letzten 20 Jahren mehr erfahren hat, sind seine Gefühle immer stärker geworden und er hat auch angefangen, von der Großmutter zu träumen und mit ihr zu reden. Da gibt es eine unglaubliche Geschichte, aber sie ist wahr. Eines Tages, wir haben uns damals viele Sorgen um seinen Bruder Arie gemacht, kommt er um acht Uhr aus dem Schlafzimmer und sagt mir: „Ich weiß nicht, ob ich dir das erzählen soll, aber ich habe im Traum mit der Großmutter geredet und sie gefragt, was wir mit Arie machen sollen. Und sie hat geantwortet: ‚Hab' keine Angst, ich nehme ihn zu mir.' Keine zehn Minuten später hat das Telefon geläutet und die Tochter von Arie hat uns mitgeteilt, dass er gestorben ist."

Neue „Familie" in Tirol:
Maria Luise Stainer, Niko Hofinger und Trude Kühbacher

ABRAHAM GAFNI:

1984 treffen wir am Friedhof zufällig Maria Luise mit ihrer Familie, die ich damals nicht gekannt habe. Sie stehen bei der Tafel mit dem Namen meiner Mutter, und ich sage zu ihr: „Was machen denn Sie da?" Und zu meiner Frau: „Das sind keine Juden." Und Maria Luise ärgert sich. Ich war immer noch wütend wegen des Grabes meiner Mutter. Da habe ich losgelegt, dass man die Straße natürlich durch den jüdischen Friedhof bauen musste, nicht durch den christlichen, dann

Abraham Gafni mit Maria Luise Stainer im jüdischen Friedhof in Innsbruck, 2013

hätte man sicher eine Brücke darüber errichtet. So ist es hin und her gegangen, bis Maria Luise zu weinen angefangen hat. Jedenfalls, am Ende haben wir die Adressen und Telefonnummern ausgetauscht und jetzt sind wir seit 30 Jahren die besten Freunde. Ihre Kinder und Enkelkinder sind wie meine Kinder, wir sind wie eine Familie. Und alle haben wir uns gegenseitig oft besucht.

Durch Niko und Maria Luise weiß ich genau, was mit den Großeltern, meiner kleinen Schwester und den anderen Verwandten passiert ist. Jahrzehntelang war ich im Ungewissen. Dass sie nicht mehr lebten, war mir klar. Auschwitz, Eichmann, all diese Geschichten, wie man die Menschen umgebracht hat, habe ich ja inzwischen gekannt. Aber als mir Niko einen Brief geschrieben und einen Stapel Dokumente geschickt hat, mit so vielen Details, und als ich erfahren habe, wer wo auf welchem Weg umgebracht worden ist, das war – . Ich habe dann zwei Tage nicht geschlafen.

Abraham Gafni und Trude Kühbacher in der Defregger-straße 12 im Jahr 2013

Heute sage ich, wenn wer etwas über meine Familie wissen will, frag den Niko, der weiß alles, der weiß mehr darüber als ich.

Da muss ich noch eine Geschichte erzählen. Im Juni 1997 waren wir eingeladen zur Einweihung des Mahnmals am Landhausplatz in Innsbruck. Da bin ich mit meiner Frau und einer ganzen Gruppe zu unserem Haus in die Defreggerstraße gegangen und ich habe ihnen vor dem Rapoldipark alles über damals erzählt. Dann sind wir zu meinem Schulfreund hinauf, der immer noch im vierten Stock gewohnt hat. Da habe ich ihn gefragt, wer da eigentlich in unserer Wohnung wohnt. Und er sagt: „Was, da warst du noch nie? Da ist eine sehr nette Frau, die ist jetzt Witwe, komm, ich gehe mit euch hinunter."

Über 30 Jahre lang bin ich immer vor der Türe stehen geblieben, wenn ich in Innsbruck war, aber dieses Mal – . Wir sollen nur reinkommen, hat die Trude gemeint, und ich habe sie aufgeklärt: „Unten stehen noch 14 andere." So sind sie alle in die Wohnung und Trude wollte mir alles zeigen, aber ich habe zu ihr gesagt: „Ich zeige DIR die Wohnung."

Mein Bruder Poldi war auch dabei. Trude hat dann sogar noch sechs Stühle gekauft für ein Abendessen, zu dem sie uns eingeladen hat. Wir waren nun schon so oft hier, beim ersten Mal hat man viel geweint, speziell die Trude und die anderen. Jetzt, wenn wir in Innsbruck zu Besuch sind, können wir wieder in die Wohnung gehen, in der wir geboren sind.

Die Trude ist etwas Einmaliges, mit ihr ist es immer lustig. Ich habe sie so gern, das kann man sich nicht vorstellen. Sie hat sieben Geschwister und ich kenne die ganze Familie, einige leben nicht mehr. Gestern waren wir bei ihrer Schwester. Ich telefoniere oft mit der Trude und sie hat uns auch in Israel besucht. Das war mutig von ihr, weil sie alleine gekommen ist und damals haben wir uns noch nicht so gut gekannt wie heute. Aber sie war überall in Israel und ist mit meinem Cousin Aldo ans Tote Meer gefahren. So war es, und seitdem sind wir wie eine Familie. „

Maria Luise Stainer verfasste 1973 ihre Hausarbeit über „Die Judengemeinde in Innsbruck", in der sie eine Bestandsaufnahme des jüdischen Friedhofs vornahm. Seit 1984 verbindet sie ein enges Band mit Abraham und Zipora Gafni. Im Februar 1996 reiste Maria Luise Stainer nach Israel, um für das Institut für Zeitgeschichte der Universität Innsbruck Mitglieder der jüdischen Gemeinde der Vorkriegszeit zu interviewen. Abraham Gafni bereitete viele Kontakte vor und organisierte die Begegnungen im Vorfeld. Die Tonaufnahmen zählen zu den wenigen Quellen elektronischer Zeitzeugenschaft Tiroler Jüdinnen und Juden.

Die Wohnung von Maria Luise Stainer in Zirl entwickelte sich im Laufe der Zeit zu einem regen Treffpunkt der jüdischen Alt-InnsbruckerInnen. Sie berichtet:

„Bei mir waren sie jederzeit willkommen. Die Nazis haben sie hinausgeschmissen, ich hole sie wieder herein, das war mein Sinnen und Trachten. Meine Wohnung in Zirl ist über 20 Jahre eine Art Zentrum geworden für die ehemaligen Innsbrucker und Tiroler, die ich kennengelernt habe, bis zur Enkelgeneration. Das war mir ein Herzensanliegen und viele sind gekommen, allen voran natürlich Zipora und Abraham mit ihren Lieben. Abraham kümmert sich herzlich um meine Familie und meine Enkelkinder."

Im März 2013 kam es in der Wohnung von Maria Luise Stainer zu folgendem Wortwechsel, als Abraham Gafni zu erzählen begann:

„Wenn etwas zu unangenehm wird, löse ich das so: Es muss mit einem Lachen enden. Das ist das Beste. Zipora sagt immer, was ich alles mitgemacht hätte, aber ich habe nichts mitgemacht. Ich war nie hungrig, ich habe immer gewusst, wo ich übernachten werde, es war mir manchmal unbequem und schwer, aber – . Ich erkläre das mal. Als ich zum Beispiel nach der Ankunft in Palästina in der einen Familie untergebracht war, war alles in Ordnung, und es ist mir gut gegangen. In einer anderen Familie habe ich mich schlecht gefühlt, aber ich habe nicht gelitten. Ich habe alles bekommen, was ich gebraucht habe."

Zipora: „Hast du Liebe bekommen?"

Maria Luise: „Zuneigung?"

Zipora: „Stütze?"

Abraham: „Liebe nicht."

Zipora: „Das habe ich gemeint. Über dieses Thema kann man mit ihm nicht sprechen."

Abraham erzähle immer ohne Emotionen, so als spräche er nicht über sich selbst. Er berichte von lustigen Begebenheiten aus der Kindheit, Trauriges spare er meist aus, das sei sein Schutzschild, weshalb er es bevorzuge, derart Belastendes lieber mit sich selbst auszumachen, vertraute Zipora Gafni Maria Luise Stainer bereits während der Gespräche im Februar 1996 in Israel an. Doch einige Monate zuvor habe sie ihren Mann außerordentlich aufgewühlt erlebt, völlig anders als sonst. Nie zuvor habe sie an ihm derart starke Gefühle wahrgenommen wie an jenem Tag, als er von Niko Hofinger ein Paket mit umfangreichen Materialien erhielt, die ihm detailliert Aufschluss über seine Familie gaben. Es habe ihm eben immer gefehlt zu wissen, wer er sei, erklärte Zipora Gafni Maria Luise Stainer, die weitere Unterlagen mitgebracht hatte. „Du hast meine Familie früher gekannt als ich", stellte Abraham Gafni nach Durchsicht dieser Dokumente fest.

Abraham Gafni und Niko Hofinger im Jüdischen Museum Hohenems 2007

1992 startete am Institut für Zeitgeschichte der Universität Innsbruck unter der Leitung von Thomas Albrich das Forschungsprojekt „Biographische Datenbank zur jüdischen Bevölkerung im 19. und 20. Jahrhundert", an dem Martin Achrainer und Niko Hofinger maßgeblich beteiligt waren. Diesen beiden Historikern ist der heutige Wissensstand über die weit verzweigte Familie Turteltaub zu verdanken, den sie über Jahre in mühevoller Recherche- und Schreibtätigkeit erarbeiteten. 1995/96 machten sie mit Ausstellungen in Innsbruck und Dornbirn die Öffentlichkeit erstmals mit der vergessenen Geschichte von Amalie, Wolf Meier, Edmund, Eva, Ella, Anna, Fritz, Erich, Poldi, Gitta, Walter, Hans und den anderen Familienmitgliedern vertraut. Ihr offener Blick auf diese Lebenswege vor 1938 und, wo es möglich war, nach 1945 lässt erkennen, dass die gängige Vorstellung von „den Juden" ebenso falsch ist wie deren Reduktion auf passive Opfer einseitig. 1999 veröffentlichten Achrainer und Hofinger den Aufsatz „Die Turteltaubs – eine Großfamilie zwischen jüdischer Tradition und österreichischem Alltag" in dem von Thomas Albrich herausgegebenen Band über jüdische Le-

225

bensgeschichten aus Tirol und Vorarlberg: „Wir lebten wie sie". Heute kennen unzählige Menschen die Familie Turteltaub – als Besucherinnen und Besucher des „Denkmals für die ermordeten Juden Europas" in Berlin.

Verdienstkreuz der Stadt Innsbruck

Am 10. Mai 2011 verlieh Bürgermeisterin Christine Oppitz-Plörer nach einem Beschluss des Gemeinderates Abraham Gafni das Verdienstkreuz der Stadt Innsbruck. „Diese Auszeichnung ist ein Zeichen des Respekts und der Wertschätzung. Es soll eine Anerkennung dafür sein, dass Herr Gafni trotz der negativen Erfahrungen in der Zeit der Judenverfolgung das Bekenntnis zu Innsbruck lebt", so die Bürgermeisterin: „Ich empfinde eine große innere Dankbarkeit, dass ich Ihnen das Verdienstkreuz heute überreichen darf. Ihre Verbundenheit zu Innsbruck ist nicht selbstverständlich."

Offizieller Empfang der Stadt Innsbruck im Bürgersaal des historischen Rathauses für ihre ehemaligen jüdischen Mitbürger. Das Bild zeigt die 16 "Innsbrucker" mit den Begleitpersonen. In der Mitte Bürgermeister Romuald Niescher und Vizebürgermeister Univ.-Prof. Dr. Norbert Wimmer. Rechts Kulturstadtrat Mag. Hermann Girstmair. (Foto: SNS)

Trotz grausamster Erinnerungen in Liebe mit Innsbruck verbunden

Aus Anlaß der Eröffnung und Weihe der neuen Synagoge hatte die Stadt Innsbruck jene ehemaligen, heute in Israel lebenden jüdischen Mitbürger, die 1938 der Nazi-Verfolgung entrinnen und aus Innsbruck flüchten konnten, mit je einer Begleitperson nach Innsbruck eingeladen.

Stubaital, zum Achensee und nach Hall. Der im Jahr 1977 verstorbene, legendäre Hugo Silberstein alias Gad Hugo Sella, Autor des Buches "Die Juden in Tirol",

Bericht der Innsbrucker Stadtnachrichten im April 1993 über den Besuch vertriebener InnsbruckerInnen aus Israel mit Familienmitgliedern

*Verleihung des Verdienstkreuzes der Stadt Innsbruck an Abraham Gafni, 10. Mai 2011;
v.l.n.r.: Gemeinderat Hermann Weiskopf, Zipora und Abraham Gafni, Bürgermeisterin
Christine Oppitz-Plörer und Esther Fritsch, die Präsidentin der Israelitischen Kultusgemeinde für Tirol und Vorarlberg*

„Alte Heimat/Schnitt/Neue Heimat"

Westbahntheater Innsbruck, 31. März 2011: Uraufführung des
Erinnerungstheaters „Alte Heimat/Schnitt/Neue Heimat" der
Theatergruppe des Abendgymnasiums Innsbruck unter der
Regie von Irmgard Bibermann. In der Ankündigung heißt es:
„Sie waren Kinder oder Jugendliche und mussten wegen ihrer
jüdischen Herkunft vor der nationalsozialistischen Verfolgungs-
und Vernichtungspolitik aus Innsbruck fliehen und konnten sich
in England bzw. Israel eine neue Heimat aufbauen. Ihre Erinne-
rungen an die alte Heimat, an Flucht und Vertreibung und das
Leben in der neuen Heimat haben sie in Interviews geschildert.
Die Erzählungen von zwei ZeitzeugInnen bringt die Theatergruppe des Abendgymnasiums nun auf die Bühne."

*Bühnenbild
„Dachboden der
Erinnerung" im
Innsbrucker West-
bahntheater 2011*

Mit dem Theaterstück wurden neue Wege der Vermittlung
von Zeitgeschichte beschritten. Die Erzählungen von Dorli
Neale und Abraham Gafni machen Prozesse des Erinnerns
sichtbar, hörbar, begreifbar. Ihnen eine Stimme zu geben, damit
ihre Geschichte nicht verloren geht, war ein wesentliches Ziel
des Theaterprojekts, einer Mischung aus dokumentarischem
Theater, Erinnerungs- und Feature-Theater.

Auch wenn authentisches Material übernommen wurde, das die SpielerInnen auf der Bühne zum Teil unverändert
wiedergaben, handelt es sich um eine fiktionale Kunstform.
Ähnlich dem Feature im Hörfunk wurde authentisches Text- und
Bildmaterial aus der Recherchephase eingesetzt: Zwei SpielerInnen erzählen als Dorli Neale und Abraham Gafni, was die
beiden in England und Israel in den lebensgeschichtlichen Interviews auf Video berichteten.

Als Kinder- und Enkelkindergeneration setzten sich die
SpielerInnen mit den Erinnerungen der Eltern- und Groß-
elterngeneration in szenischen Prozessen intensiv auseinan-
der und erarbeiteten dabei Schritt für Schritt den Theater-

text.[40] Manche Textteile der Bühnenfassung entstanden überhaupt erst in Improvisationen.

Die HauptautorInnen des Stücks sind die ZeitzeugInnen. Ihre Erzählungen bilden die inhaltliche Grundlage. Durch die Auswahl der Interviewpassagen und das Entwickeln eines roten Fadens, der dem Stück einen für das Publikum nachvollziehbaren Aufbau und auch einen klaren Spannungsbogen gibt, wird die Spielleiterin nicht nur Dramaturgin, sondern auch Mitautorin. Das gilt ebenso für die SpielerInnen, deren in den Improvisationen erarbeiteten Texte zum Teil in die Inszenierung aufgenommen wurden.

Das Stück ist ein theatrales Fotoalbum von zwei Menschen, deren Lebensgeschichten in einer ausdrucksstarken Abfolge von Bildern mit chorischen und choreografischen Elementen sowie Live-Musik zu einer szenischen Collage verdichtet wurden. Als Bühnenbild diente eine Installation von Fotos, die einzelne Lebensphasen der beiden ZeitzeugInnen dokumentieren. Die Requisiten – alte Stühle, Koffer und Taschen – lassen die Vorstellung von einem „Dachboden der Erinnerung" entstehen. Dieser Eindruck wird dadurch verstärkt, dass die SpielerInnen Kostüme tragen, ähnlich jenen in den 1930er Jahren. Und auch durch die Beleuchtung, mit der das Bühnengeschehen in ein Licht getaucht wird, das an die Farbe alter Fotos denken lässt.

Wenn man die Erinnerungen von Menschen, die vertrieben wurden und die in England und Israel eine neue Heimat gefunden haben, auf die Bühne bringen will, dann braucht es vor allem Respekt vor ihrem persönlichen Erleben. Es ist aber auch nötig, dass die Spielerinnen und Spieler sich in ihren Improvisationen den Themen des Stücks mit allen Sinnen nähern, um die Haltung von einfühlendem Verstehen entwickeln zu können. Die braucht es, um die Geschichte mit ihren schrecklichen, berührenden und ermutigenden Momenten authentisch erzählen zu können, ohne erhobenen Zeigefinger und ohne Pathos.

ISRAEL IST MEIN ZUHAUSE

Nach dem Ersten Weltkrieg garantierte Artikel 80 des Staatsvertrages von St. Germain jeder Bürgerin und jedem Bürger der ehemaligen österreichisch-ungarischen Monarchie die Option der Staatsbürgerschaft in der neu gegründeten Republik Österreich. Doch der deutschfreiheitliche Innenminister Leopold Waber verweigerte 1921 Jüdinnen und Juden mit einem Erlass diese Wahlmöglichkeit, da sie „nicht der deutschen Rasse zugehörig" seien. So kam es, dass das Ansuchen von Erichs Vater Leo Weinreb, der aus dem österreichischen Teil Galiziens stammte, abgewiesen wurde. Er heiratete Erichs Mutter Anna Turteltaub als polnischer Staatsbürger, die Behörden bezeichneten ihn aber auch als staatenlos oder als Person ungeklärter Staatsangehörigkeit. Diese ungeklärte Staatsbürgerschaft übertrug sich auf seinen Sohn Erich und sie blieb nach damaligem Recht auch nach der Scheidung und Wiederverheiratung Annas mit Salo Scharf aufrecht, der ebenso die österreichische Staatsbürgerschaft besaß wie Wolf Meier Turteltaub. Als dieser die Vormundschaft von Erich übernahm, sahen die Behörden weiterhin keine Veranlassung, dem in Innsbruck geborenen Kind endlich die österreichische Staatsbürgerschaft zu verleihen.

1993 stellte Erich Weinreb, der in der Zwischenzeit den Namen Abraham Gafni angenommen hatte und regelmäßig nach Innsbruck zu Besuch kam, erneut einen Antrag, nachdem die Bundesregierung von vertriebenen österreichischen Staatsangehörigen nicht mehr forderte, die nach der Flucht angenommene Staatsbürgerschaft aufzugeben und Wohnsitz in Österreich zu nehmen. Allerdings: Das Amt der Tiroler Landesregierung stellte ihm einen negativen Bescheid aus, da er zum Zeitpunkt der Vertreibung nicht österreichischer Staatsbürger war. Zu diesem langen Schatten der Bürokratie stellen Martin Achrainer und Niko Hofinger fest: „Und so kommt es, daß Erich Weinreb/Abraham Gafni diese als Geste der Republik Österreich gedachte Verleihung der Staatsbürgerschaft nur deshalb verweigert wurde, weil sein Vater als Jude ‚nicht der deutschen Rasse zugehörig' war. Abraham Gafnis Kommentar: ‚Nach Innsbruck kann ich ja auch mit dem israelischen Pass fahren.'"

Das Bekenntnis Österreichs zu seiner nationalsozialistischen Vergangenheit ließ lange auf sich warten, länger noch die Verabschiedung gesetzlicher Grundlagen zur „Wiedergutmachung". So dauerte es bis zum Jahr 2004, dass der 1928 in Innsbruck geborene und 1939 aus Österreich mit Schimpf und Schande vertriebene Erich Weinreb als Abraham Gafni mit 76 Jahren die österreichische Staatsbürgerschaft ausgestellt bekam. Bis heute hat er den österreichischen Pass noch nicht verwendet. Gut gebrauchen können hätte er ihn in den Jahrzehnten zuvor.

Kiryat Tivon, Wohnort von Zipora und Abraham Gafni seit 1956

ABRAHAM GAFNI:

> Heimat ist für mich Israel. Österreich ist Österreich. Ich fahre gern jedes Jahr nach Innsbruck. Ich habe jetzt Freunde in Innsbruck, gute Freunde, das interessiert mich. Ich kann die Berge stundenlang anschauen, freue mich auf das gute Essen und ich erinnere mich an die Ausflüge, die wir gemacht haben: auf die Hungerburg, nach Lans und Igls, hinauf in den Wald Schwammerl suchen und auf die Buzzihütte, wo wir gepicknickt haben. Auf der Ferrariwiese und am Dotterbichl in Amras habe ich Schifahren gelernt. Ich habe nur gute Erinnerungen.
>
> Diejenigen, die an allem schuld sind, leben schon längst nicht mehr. Auf der ganzen Welt und auch hier gibt es Antisemiten, da kann man nichts machen. Es gibt in Innsbruck wie überall Menschen aller Schattierungen und Einstellungen. Ich komme gern nach Innsbruck und hätte nichts dagegen, jedes Jahr drei, vier Monate in Innsbruck zu sein,

*Die Enkelinnen
Schir und Adi,
die gerade ihren
Wehrdienst im
israelischen Militär
absolvierte*

aber nach Innsbruck ziehen, nie im Leben. Für mich gilt,
was die Nazis früher zum Spott gesagt haben: „Jud' nach
Palästina". Das ist für mich heute ein Segen. Ich sage jetzt:
„Alle Juden nach Palästina."

Mich hat man von hier vertrieben. Ich weiß, es waren
nicht alle derselben Meinung, aber ich habe daher in Inns-

Zahl: la-11.670/23-2004

*Erst 2004 erhielt
Abraham Gafni
die österreichische
Staatsbürgerschaft.*

B E S C H E I D
über die
Verleihung der Staatsbürgerschaft

Die Tiroler Landesregierung verleiht
mit Wirkung vom 01. Mai 2004
Abraham GAFNI
geboren am 23.08.1928 in Innsbruck
wohnhaft in Kiryat Tivon, Zipornim Street 3, Israel
nach § 10 Abs. 4 Z 2 des Staatsbürgerschaftsgesetzes 1985 die

österreichische Staatsbürgerschaft.

Gegen diesen Bescheid ist kein ordentliches Rechtsmittel zulässig.

Innsbruck, am 07.04.2004

Für die Landesregierung
Landesrätin Dr. Anna Hosp

bruck nichts zu suchen, komme jedoch gerne auf Besuch.
Die Juden hatten damals kein Land, aber jetzt haben sie
eine gute Adresse. Was soll ich in Österreich, Israel ist
mein Zuhause. Ich weiß nicht, was passieren würde, wenn
ich in Österreich bin und jemand sagt zu mir „Saujud". Ich
weiß aber, dem passiert was, das kann ich garantieren.

Heimat ist Israel, hier war ich im Militär, hier habe ich gekämpft, hier habe ich alles mitgemacht, hier hat meine Frau mich gefunden. Was sagt sie? Sie lächelt.

Für mich persönlich heißt jüdisch sein, in Israel leben, zum Militär gehen, das Land schützen. Das hat nichts mit Gott oder mit der Synagoge zu tun. Meine Großeltern waren tiefgläubig. Aber in Palästina hatte ich mit Religion fast überhaupt nichts zu tun, weil ich bei Familien gelebt habe, die nicht besonders religiös waren. Wir machen den Sederabend für die Enkelkinder, damit sie wissen, was das ist, und dann liest jeder ein bisschen, dann isst man gemeinsam und nach dem Essen singen wir verschiedene Lieder und das ist es. Das dauert nicht so lange. Seitdem ich vor vielen Jahren draufgekommen bin, was mit meiner Familie genau passiert ist, bin ich persönlich antireligiös. Ich will von dem überhaupt nichts mehr wissen, das macht mich nur wild. Wenn mich jemand fragt, ob ich an Gott glaube, sage ich, dass ich an alles glaube, ich muss es nur sehen oder fühlen, ansonsten existiert es nicht. Es gibt keinen Gott, weil wenn es einen Gott gäbe, was ist dann mit dem Holocaust?

Alle meine Töchter waren im Militär. Ich hatte keine Angst, als ich ins Militär gegangen bin, und ich habe keine Angst, wenn die Kinder zum Militär gehen. Wenn man Angst hat, kann man nur daheim sitzen und warten, was passiert. Leider nimmt man mich jetzt nicht mehr im Militär, aber ich finde schon irgendeine Beschäftigung, wenn Krieg ist.

Meine Kinder und Enkel sind in Israel geboren. Fast alle waren schon in Österreich und sie wissen, wie schön es hier ist. Aber in Israel müssen wir leben und kämpfen und ins Militär gehen und aufpassen, dass uns niemand was tut. Meine Kinder denken genauso: Sie fahren alle gerne nach Österreich und gerne wieder nach Hause.

DAS WICHTIGSTE: EINE GUTE FAMILIE

Dana mit ihrer Mutter Chana

ABRAHAM GAFNI:

„ Meine Älteste heißt Chana, nach meiner Mutter Anna. Die anderen Töchter haben hebräische Namen: Galit und Tali. Gal ist eine Welle, ich war ja Seefahrer, also musste es etwas mit dem Meer zu tun haben; Tal ist der Tau.

Zipora und ich haben wieder eine große Familie: drei Töchter, die alle Lehrerinnen sind, acht Enkelkinder und zwei Urenkel.

Schaced (Tochter von Tali), Schir und Adi (Töchter von Galit), Roy (Sohn von Chana), Tali (schwanger mit Neta), Juval und Dana (Sohn und Tochter von Chana), Karmel (Sohn von Tali) 2007

Schir und Adi mit Mutter Galit, Zipora und Abraham

Karikatur zum 60. Hochzeitstag von Abraham und Zipora Gafni

Das Wichtigste im Leben? Ich glaube, das Wichtigste im Leben ist, eine gute Familie zu haben: Kinder, Enkelkinder und eine gute Existenz, ohne auf jemanden angewiesen zu sein; dass ich mich auf niemanden verlassen brauche, außer auf mich selbst; dass man von niemandem abhängig ist. Das ist die ganze Weisheit: anständig arbeiten und die Kinder erziehen und kämpfen, wenn man muss, und sich auf niemanden verlassen. Das ist alles. „

ANHANG

Anmerkungen

1 Zu diesem Abschnitt siehe Martin Achrainer/Niko Hofinger: Die Turteltaubs – eine Großfamilie zwischen jüdischer Tradition und österreichischem Alltag. In: Thomas Albrich (Hg.): Wir lebten wie sie. Jüdische Lebensgeschichten aus Tirol und Vorarlberg, 2. Auflage, Innsbruck 2000, S. 147–164. Kaufvertrag zwischen Amalie Turteltaub und Maria Tiefenbrunner und Johann Rössler, 23.1.1911. Bezirksgericht Innsbruck, Urkundensammlung Landesgericht, 87 ex 1911.

2 Achrainer/Hofinger: Die Turteltaubs, S. 150–154.

3 Zu Pradl siehe Fritz Steinegger (Schriftleitung): Alt- und Neupradl. Ein Heimatbuch, Innsbruck 1958; Roland Kubanda, (Red.): Stadt-Vielfalten. Stadtteil Pradl. Fotodokumente der Sammlung Walter Kreutz. Herausgegeben vom Stadtarchiv/Stadtmuseum Innsbruck, Innsbruck 2008; Gertrud Pfaundler-Spat: Tirol-Lexikon. Ein Nachschlagewerk über Menschen und Orte des Bundeslandes Tirol, Innsbruck 2005.

4 Zit. n. Achrainer/Hofinger, Die Turteltaubs, S. 152f.

5 Kaufvertrag zwischen Amalie Turteltaub sowie Anton und Tilde Cornet, 25.1.1938. Bezirksgericht Innsbruck, Urkundensammlung Landgericht Innsbruck 1938, 94 ex 1938 und C Blatt 1.2.1938 – 118. Vom Kaufpreis hatte Familie Turteltaub 1.780 Schilling an den österreichischen Bundesschatz, 7.000 Schilling an Max Graz und 46.060 Schilling an die Hauptbank für Tirol und Vorarlberg zur Schuldentilgung zu entrichten.

6 Wolfgang Benz/Claudia Curio/Heiko Kauffmann (Hg.): Von Evian nach Brüssel. Menschenrechte und Flüchtlingsschutz 70 Jahre nach der Konferenz von Evian, Karlsruhe 2008.

7 Wolfgang Benz/Andrea Hammel/Claudia Curio (Hg.): Kindertransporte 1938/1939. Rettung und Integration, Frankfurt 2003.

8 Gabriele Anderl: Emigration und Vertreibung. In: Erika Weinzierl/Otto D. Kulka (Hg.), in Zusammenarbeit mit Gabriele Anderl: Vertreibung und Neubeginn. Israelische Bürger österreichischer Herkunft, Wien 1992, S. 167–338, hier S. 282–284.

9 Dostrowsky an Immigration-Department, 26.6.1939. Dokument aus dem Central Zionist Archives, Jerusalem, im Besitz von Abraham Gafni.

10 Ebd.

11 The Palestine Post, 2.6.1939, S. 1.

12 Anderl: Emigration und Vertreibung, S. 284.

13 Alfred Gottwaldt/Diana Schulle: Die „Judendeportationen" aus dem Deutschen Reich 1941–1945, Wiesbaden 2005, S. 134f.

14 Ebd.: S. 110–112, 116f.

15 Ebd.: S. 117f.

16 Ebd.: S. 135.

17 Danuta Czech: Kalendarium der Ereignisse im Konzentrationslager Auschwitz-Birkenau 1939–1945, 2. Auflage, Hamburg 2008, S. 291.

18 http://doew.at/ausstellung/shoahopferdb. html: Ernst Reichmann (Zugriff 10.7.2013).

19 Gottwaldt/Schulle: Die „Judendeportationen" aus dem Deutschen Reich, S. 209.

20 http://doew.at/ausstellung/shoahopferdb. html: Leopold Reichmann (Zugriff 10.7.2013); Czech: Kalendarium, S. 778.

21 Magistrat der Stadt Wien an Maria Luise Stainer, 26.6.1996; http://doew.at/ausstellung/shoahopferdb.html: Joel, Chaje und David Schrager (Zugriff 10.7.2013).

22 Gottwaldt/Schulle: Die „Judendeportationen" aus dem Deutschen Reich, S. 240;
Maly Trostinec: Das unbekannte Nazi-
Todeslager. In: http://science.orf.at/
stories/1691097 (30.11.2011; Zugriff
20.7.2013).

23 http://doew.at/ausstellung/shoahopfer
db.html: Berta und Karl Schnurmann (Zugriff 10.7.2013); Gottwaldt/Schulle: Die
„Judendeportationen" aus dem Deutschen
Reich, S. 114f und 124.

24 UK, Incoming Passenger Lists, 1878–
1960 for Fritz Turteltaub: http://search.
ancestry.co.uk/cgi-bin/sse.dll?%2indiv=
1&db=BT26&h=27202952 (Zugriff
22.8.2013); Interneed Refugees (Friendly
Aliens) From the United Kingdom November 1946. Library and Archives Canada
Department of External Affairs (RG 25)
File: 1939-842-AF: Zur Verfügung gestellt
von Niko Hofinger.

25 http://www.nationalarchives.gov.uk/A2A/
records.aspx?cat=1556-644&cid=-1&
Gsm=2012-06-18#-1, http://www.bbc.
co.uk/news/uk-england-kent-16689530
und http://www.bbc.co.uk/news/uk-eng
land-16680012 (Zugriff 22.8.2013).

26 Auskunft Abraham Gafni, 22.7.2013.

27 Interview Maria Luise Stainer mit Eldad
(Aldo) Alloggi, Februar 1996.

28 UK, Military Campaign Medal and Award
Rolls, 1793–1949 for Eldad Alloggi:
http://search.ancestry.com/cgi-bin/sse.
dll? indiv=1&db=CampaignMedalRolls
&h=1361478 (Zugriff 22.8.2013).

29 Achrainer/Hofinger, Die Turteltaubs,
S. 154–159; Czech, Kalendarium, S. 809.

30 Ayelet Bargur: Ahawah heißt Liebe. Die
Geschichte des jüdischen Kinderheims
in der Berliner Auguststraße, München
2006; Ayelet Bargur: Das Kinderheim
in der Auguststraße. Dokumentarfilm in
Koproduktion von Rundfunk Berlin-Brandenburg (rbb), Mitteldeutschem Rundfunk
(MDR) und dem Israelischen Fernsehen,
2007. Weiters: http://www.nevehanna.

de/hanniullmann_01_kurzbiographie.html
und http://www.villageahava.org (Zugriff
20.8.2013).

31 Zu Recha Freier: Es war ein anderes
Leben. Mit der Jugend-Alijah nach
Palästina. Ein Dokumentarfilm von Hans
Jan Puchstein und Katinka Zeuner,
2008. Siehe http://www.youtube.com/
watch?v=EoCWDcl2JSQ (Zugriff
20.8.2013). Siehe weiters
http://www. exilarchiv.de/Joomla/index.
php?option =com_content&task=view
&id=388 (Zugriff 20.8.2013).
Zu Henrietta Szold http://www.jewish
virtuallibrary.org/jsource/biography/Szold.
html (Zugriff 20.8.2013).

32 Siehe http://aerzte.erez-israel.de/Leh
mann-siegfried und http://www.jewishvir
tuallibrary.org/jsource/judaica /ejud_
0002_0003_0_02538.html (Zugriff
20.8.2013).

33 http://info.palmach.org.il/show_item.asp?
itemId=8521&levelId=42857&itemType=0
(Zugriff 20.8.2013).

34 http://www.palyam.org/English/Palyam_
overview_en (Zugriff 20.8.2013).

35 http://www.palyam.org/English/INF/main
page und weiters http://de.wikipedia.org/
wiki/Liste_der_Alija-Bet-Flüchtlingsschiffe
(Zugriff 20.8.2013).

36 http://www.palyam.org/English/IS/Rabino
vitch_Moshe und http://www.palyam.org/
English/IS/Dvir_Yitzchak_Itcheh (Zugriff
23.8.2013).

37 Tom Segev: Die ersten Israelis. Die
Anfänge des jüdischen Staates, München
2010, S. 133 und focus Migration: http://
neu.hwwi.de/Israel.5246.0.html (Zugriff
22.8.2013).

38 Segev: Die ersten Israelis, S. 171.

39 Ebd.: S. 345.

40 Der Theatertext ist abgedruckt in: Irmgard
Bibermann: Alte Heimat/Schnitt/Neue
Heimat. In: Martin Haselwanter u.a. (Hg.):
Gaismair-Jahrbuch 2013. Blickwechsel,
Innsbruck 2012, S. 178–199.

Quellen und Literatur

Literatur zum historischen Essay „Jüdisches Leben in Tirol"

Achrainer, Martin: Die jüdische Abteilung am städtischen Friedhof in Innsbruck 1864–1945, In: Albrich (Hg.): Judenbichl, S. 81–126.

Achrainer, Martin: Gemeinderat Wilhelm Dannhauser. Selbstbewusstes Judentum zwischen „deutscher Treue" und politischem Antisemitismus. In: Albrich (Hg.): Von Salomon Sulzer bis „Bauer & Schwarz", S. 225–264.

Achrainer, Martin: In Tirol überlebt. Vier jüdische „U-Boote" in Tirol 1943–1945. In: Tiroler Heimat 60 (1996), S. 159–184.

Achrainer, Martin/Niko Hofinger: Die Turteltaubs – eine Großfamilie zwischen jüdischer Tradition und österreichischem Alltag. In: Albrich (Hg.): Wir lebten wie sie, S. 147–164.

Albrich, Thomas (Hg.): Jüdisches Leben im historischen Tirol, 3 Bände, Innsbruck-Wien 2013.

Albrich, Thomas (Hg.): Von Salomon Sulzer bis „Bauer & Schwarz". Jüdische Vorreiter der Moderne in Tirol und Vorarlberg, Innsbruck-Wien 2009.

Albrich, Thomas (Hg.): Wir lebten wie sie. Jüdische Lebensgeschichten aus Tirol und Vorarlberg, 2. Auflage, Innsbruck 2000.

Albrich, Thomas (Hg.): Flucht nach Eretz Israel. Die Bricha und der jüdische Exodus durch Österreich nach 1945, Innsbruck-Wien 1998 (Österreich-Israel-Studien 1).

Albrich, Thomas (Hg.): Judenbichl. Die jüdischen Friedhöfe in Innsbruck, Innsbruck 2010.

Albrich, Thomas: „Die Juden hinaus" aus Tirol und Vorarlberg: Entrechtung und Vertreibung 1938 bis 1940. In: Steininger/Pitscheider (Hg.): Tirol und Vorarlberg in der NS-Zeit, S. 299–317.

Albrich, Thomas: Die „Endlösung der Judenfrage" im Gau Tirol-Vorarlberg: Verfolgung und Vernichtung 1941 bis 1945. In: Steininger/Pitscheider (Hg.): Tirol und Vorarlberg in der NS-Zeit, S. 341–360.

Albrich, Thomas: Ein KZ der Gestapo: das Arbeitserziehungslager Reichenau bei Innsbruck. In: Klaus Eisterer (Hg.): Tirol zwischen Diktatur und Demokratie (1930–1950), Innsbruck-Wien 2002, S. 77–114.

Albrich, Thomas: Martin Steiner: Gründer des „Bürgerlichen Bräuhauses" in Innsbruck. In: Albrich (Hg.): Von Salomon Sulzer bis „Bauer & Schwarz", S. 95–130.

Alexander, Helmut: Geschichte der Tiroler Industrie. Aspekte einer wechselvollen Entwicklung, Innsbruck 1992.

Alexander, Helmut: Kirchen und Religionsgemeinschaften in Tirol. In: Gehler (Hg.): Tirol, S. 379–486.

Bauer, Christoph W.: Graubart Boulevard, Innsbruck-Wien 2008.

Bauer, Christoph W.: Die zweite Fremde. Zehn jüdische Lebensbilder. Innsbruck-Wien 2013.

Ben-Dor, David: Die schwarze Mütze. Geschichte eines Mitschuldigen, Leipzig 2000.

Der Aufstand der Tiroler gegen die bayerische Regierung 1809 nach den Aufzeichnungen des Zeitgenossen Josef Daney. Auf der Grundlage der Erstausgabe von Josef Steiner (1909) überarbeitete, vervollständigte und mit Anmerkungen, einer Einführung und biographischen Hinweisen versehene Neuedition, herausgegeben von Mercedes Blaas, Innsbruck 2005 (Schlern-Schriften 328).

Falch, Sabine: „Palästina?" Was finden wir dort? Doch nur Sand, Kamele und Araber!" Tirols Juden und der Zionismus vor 1938. In: Albrich (Hg.): Wir lebten wie sie, S. 53–84.

Falch, Sabine: David Friedmann und seine „Cotton- und Wollenfabrikation" an der Sill in Innsbruck. In: Albrich (Hg.): Von Salomon Sulzer bis „Bauer & Schwarz", S. 131–168.

Gehler, Michael (Hg.): Tirol. „Land im Gebirge", Wien-Köln-Weimar 1999 (Geschichte der österreichischen Bundesländer seit 1945).

Hoffmann, Andrea/Utz Jeggle/Reinhard Johler/Martin Ulmer (Hg.): Die kulturelle Seite des Antisemitismus zwischen Aufklärung und Shoah, Tübingen 2006 (Studien & Materialien des Ludwig-Uhland-Instituts der Universität Tübingen 30).

Hofinger, Niko: Die jüdische Abteilung am Westfriedhof in Innsbruck nach 1945. In: Albrich (Hg.): Judenbichl, S. 127–170.

Hofinger, Niko: Eine kleine Gemeinde zwischen Erinnerung und jüdischem Alltag: Die Israelitische Kultusgemeinde für Tirol und Vorarlberg in Innsbruck nach 1945. In: Eleonore Lappin (Hg.): Jüdische Gemeinden – Kontinuitäten und Brüche, Berlin-Wien 2002, S. 199–210.

König, Julia: „Ich gehe zu Annemarie und Evi." Ilse Brülls Leben, Flucht und Tod in Auschwitz. In: Albrich (Hg.): Wir lebten wie sie, S. 199–216.

Pitscheider, Sabine: Der Möbelfabrikant Michael Brüll – Gründer des „Innsbrucker Etablissements für Wohnungseinrichtung". In: Albrich (Hg.): Von Salomon Sulzer bis „Bauer & Schwarz", S. 305–324.

Schreiber, Horst (Hg.), Jüdische Geschäfte in Innsbruck. Eine Spurensuche. Ein Projekt des Abendgymnasiums Innsbruck, Innsbruck-Wien-München-Bozen 2001 (Tiroler Studien zu Geschichte und Politik 1).

Schreiber, Horst (Hg.): Von Bauer & Schwarz zum Kaufhaus Tyrol, Innsbruck-Wien-Bozen 2010 (Studien zu Politik und Geschichte 12; Veröffentlichungen des Innsbrucker Stadtarchivs 42).

Schreiber, Horst: „Es entspricht der Mentalität des freiheitsliebenden Tirolers, immer klar Farbe zu bekennen." Zur Geschichte, Struktur und Entwicklung der Tiroler Schule 1945–1998. In: Gehler (Hg.): Tirol, S. 487–568.

Schreiber, Horst: „Nach marktmäßigen Grundsätzen". Die „Arisierung" der Firma Dubsky. In: Albrich (Hg.): Wir lebten wie sie, S. 165–180.

Schreiber, Horst: Die „Arisierung" der Innsbrucker Firma Alois Hermann, in: Tiroler Heimat 64 (2000), S. 237–258.

Schreiber, Horst: Nationalsozialismus und Faschismus in Tirol und Südtirol: Opfer. Täter. Gegner, Innsbruck-Wien-Bozen 2008 (Tiroler Studien zu Geschichte und Politik 8).

Schreiber, Horst: Schule in Tirol und Vorarlberg 1938–1948, Innsbruck-Wien 1996 (Innsbrucker Forschungen zur Zeitgeschichte 14).

Sella, Gad Hugo: Die Juden Tirols. Ihr Leben und Schicksal, Tel Aviv 1979.

Stainer, Maria Luise: „Ich hab mich gefühlt wie bei der Vertreibung aus dem Paradies." Berichte Vertriebener aus Tirol. In: Albrich (Hg.): Wir lebten wie sie, S. 355–372.

Steinacher, Gerald: Nazis auf der Flucht. Wie Kriegsverbrecher über Italien nach Übersee entkamen, Innsbruck-Wien-München-Bozen 2008 (Innsbrucker Forschungen zur Zeitgeschichte 26).

Steininger, Rolf/Sabine Pitscheider (Hg.): Tirol und Vorarlberg in der NS-Zeit, Innsbruck-Wien-München-Bozen 2002 (Innsbrucker Forschungen zur Zeitgeschichte 19).

Thöni, Hans: Fremdenverkehrspionier am Arlberg. Das Schicksal des Rudolf Gomperz. In: Albrich (Hg.): Wir lebten wie sie, S. 123–146.

Transkripte mitgefilmter Interviews von Horst Schreiber mit jüdischen Vertriebenen in England und Israel 2010.

Unveröffentlichte Transkripte der Interviews mit jüdischen Vertriebenen aus Innsbruck: Projekt Alte Heimat/Schnitt/Neue Heimat (Projektleiter Horst Schreiber).

Quellen und Literatur zur Lebensgeschichte von Abraham Gafni

Bezirksgericht Innsbruck
Urkundensammlung Landesgericht,
    87 ex 1911 und 94 ex 1938
Dokumentationszentrum des österreichischen Widerstandes Wien
Datenbank österreichischer Holocaustopfer (http://www.doew.at)

Filme
Bargur, Ayelet: Das Kinderheim in der Auguststraße. Dokumentarfilm in Koproduktion von Rundfunk Berlin-Brandenburg (rbb), Mitteldeutschem Rundfunk (MDR) und dem Israelischen Fernsehen, 2007.
Mit der Jugend-Alijah nach Palästina. Ein Dokumentarfilm von Hans Jan Puchstein und Katinka Zeuner, 2008.
You tube: Es war ein anderes Leben

Internet
http://www.doew.at
http://www.nevehanna.de
http://www.villageahava.org
http://www.exilarchiv.de
http://www.jewishvirtuallibrary.org
http://aerzte.erez-israel.de
http://www.jewishvirtuallibrary.org
http://info.palmach.org.il
http://www.palyam.org
http://de.wikipedia.org

http://neu.hwwi.de
http://science.orf.at/stories
http://search.ancestry.co.uk
http://www.bbc.co.uk
http://www.nationalarchives.gov.uk
https://www.holocaust-denkmal-berlin.de

Interviews
Irmgard Bibermann und Horst Schreiber mit Abraham Gafni zwischen 2010 und 2013
Irmgard Bibermann und Horst Schreiber mit Zipora Gafni zwischen 2010 und 2013
Irmgard Bibermann und Horst Schreiber mit Trude Kühbacher 2013
Irmgard Bibermann und Horst Schreiber mit Maria Luise Stainer 2013
Horst Schreiber mit Niko Hofinger 2013

Library and Archives Canada Department of External Affairs
RG 25, File: 1939-842-AF

Privatarchiv Maria Luise Stainer
CDs mit Interviews von Maria Luise Stainer mit jüdischen Vertriebenen in Israel 1996
Diverse Korrespondenz, vor allem Briefe von Amalie und Wolf Meier Turteltaub sowie Gitta Scharf

Privatarchiv Abraham Gafni
Diverse Korrespondenz

Zeitung
The Palestine Post 1939

Literatur

Achrainer, Martin/Niko Hofinger: Die Turteltaubs – eine Großfamilie zwischen jüdischer Tradition und österreichischem Alltag. In: Albrich (Hg.): Wir lebten wie sie, S. 147–164.
Albrich, Thomas (Hg.): Wir lebten wie sie. Jüdische Lebensgeschichten aus Tirol und Vorarlberg, 2. Auflage, Innsbruck 2000.

Anderl, Gabriele: Emigration und Vertreibung. In: Weinzierl/Kulka (Hg.): Vertreibung und Neubeginn, S. 167–338.

Bargur, Ayelet: Ahawah heißt Liebe. Die Geschichte des jüdischen Kinderheims in der Berliner Auguststraße, München 2006.

Benz, Wolfgang/Andrea Hammel/Claudia Curio (Hg.): Kindertransporte 1938/1939. Rettung und Integration, Frankfurt 2003.

Benz, Wolfgang/Claudia Curio, Heiko Kauffmann (Hg.): Von Evian nach Brüssel. Menschenrechte und Flüchtlingsschutz 70 Jahre nach der Konferenz von Evian, Karlsruhe 2008.

Bibermann, Irmgard: Alte Heimat/Schnitt/Neue Heimat. In: Martin Haselwanter u.a. (Hg.): Gaismair-Jahrbuch 2013. Blickwechsel, Innsbruck 2012, S. 178–199.

Czech, Danuta: Kalendarium der Ereignisse im Konzentrationslager Auschwitz-Birkenau 1939–1945, 2. Auflage, Hamburg 2008.

Gottwaldt, Alfred/Diana Schulle: Die „Judendeportationen" aus dem Deutschen Reich 1941–1945, Wiesbaden 2005.

Haselwanter, Martin u.a. (Hg.): Gaismair-Jahrbuch 2013. Blickwechsel, Innsbruck 2012.

Kubanda, Roland (Red.): Stadt-Vielfalten. Stadtteil Pradl. Fotodokumente der Sammlung Walter Kreutz. Herausgegeben vom Stadtarchiv/Stadtmuseum Innsbruck, Innsbruck 2008.

Pfaundler-Spat, Gertrud: Tirol-Lexikon. Ein Nachschlagewerk über Menschen und Orte des Bundeslandes Tirol, Innsbruck 2005.

Segev, Tom: Die ersten Israelis. Die Anfänge des jüdischen Staates, München 2010.

Steinegger, Fritz (Schriftleitung): Alt- und Neupradl. Ein Heimatbuch, Innsbruck 1958.

Stainer, Maria Luise: „Ich habe mich gefühlt wie bei der Vertreibung aus dem Paradies." Berichte Vertriebener aus Tirol. In: Albrich (Hg.): Wir lebten wie sie, S. 355–372.

Transkript des mitgefilmten Interviews von Horst Schreiber mit Abraham Gafni 2010.

Weinzierl, Erika/Otto D. Kulka (Hg.), in Zusammenarbeit mit Gabriele Anderl: Vertreibung und Neubeginn. Israelische Bürger österreichischer Herkunft, Wien 1992.

Bildnachweis

Personenverzeichnis

Ortsverzeichnis